O SEGREDO DAS EMPRESAS DE SUCESSO

CARO(A) LEITOR(A),
Queremos saber sua opinião sobre nossos livros.
Após a leitura, siga-nos no **linkedin.com/company/editora-gente**, no TikTok **@EditoraGente** e no Instagram **@editoragente** e visite-nos no site **www.editoragente.com.br**.
Cadastre-se e contribua com sugestões, críticas ou elogios.

Bruno Soares
Gabriel Leite

O SEGREDO DAS EMPRESAS DE SUCESSO

CONSTRUA UMA
CULTURA PODEROSA
ATRAVÉS DE UMA
GESTÃO INOVADORA

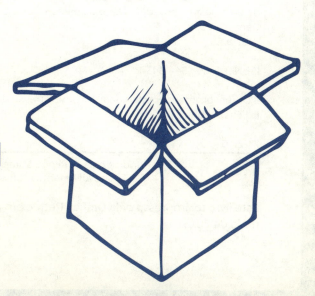

Diretora
Rosely Boschini

Gerente Editorial Sênior
Rosângela de Araujo Pinheiro Barbosa

Editora Júnior
Natália Domene Alcaide

Assistente Editorial
Fernanda Costa

Produção Gráfica
Fábio Esteves

Preparação
Fernanda Guerriero Antunes

Capa
Renata Zucchini

Projeto Gráfico e Diagramação
Plinio Ricca

Revisão
Andréa Bruno
Wélida Muniz

Impressão
Gráfica Rettec

Copyright © 2023 by Bruno Soares e Gabriel Leite
Todos os direitos desta edição são reservados à Editora Gente.
Rua Natingui, 379 – Vila Madalena
São Paulo-SP – CEP 05443-000
Telefone: (11) 3670-2500
Site: www.editoragente.com.br
E-mail: gente@editoragente.com.br

Dados Internacionais de Catalogação na Publicação (CIP)
Angélica Ilacqua CRB-8/7057

Soares, Bruno
    O segredo das empresas de sucesso : construa uma cultura poderosa através de uma gestão inovadora / Bruno Soares, Gabriel Leite. - São Paulo : Editora Gente, 2023.
    192 p.

ISBN 978-65-5544-343-1

1. Desenvolvimento profissional 2. Administração de pessoal 3. Negócios I. Título II. Leite, Gabriel

23-2146   CDD 658.4

Índice para catálogo sistemático:
1. Desenvolvimento profissional

Este livro foi impresso pela Gráfica Rettec em papel pólen bold 70g em maio de 2023.

Nota da publisher

Apesar de muito se falar atualmente sobre a valorização das pessoas dentro do ambiente de trabalho, são poucas as empresas que prezam pelo bem-estar do colaborador. Isso porque é comum pensar em pessoas como engrenagens, em que as peças, juntas, fazem uma máquina funcionar – a manutenção é uma ciência exata, e quebras são facilmente resolvidas com substituição. No entanto, as pessoas não são como peças, elas são únicas, têm muitas camadas, profundidade, precisam de atenção e cuidado.

Assim, criar um ambiente que realmente priorize as pessoas é um trabalho duro que exige esforço diário e uma estratégia sólida. Ao mesmo tempo, o resultado é extraordinário: uma empresa cujo cerne são as pessoas é uma empresa que atinge seu máximo potencial, porque colaboradores satisfeitos contribuem para o crescimento do negócio e produzem mais!

Por isso, este livro é tão atual e valioso. E ninguém melhor para falar desse assunto do que o Bruno Soares e o Gabriel Leite, fundadores da Feedz, uma empresa especialista em melhorar organizações por meio da gestão de pessoas. Em *O segredo das empresas de sucesso*, eles apresentam o que tem de mais atual em estratégias de recursos humanos e o caminho das pedras para implementá-la com sucesso.

Bruno e Gabriel partilham o objetivo de garantir um mundo em que todos, sem distinção, sejam realmente felizes no trabalho, e eu não poderia concordar mais com eles. Vamos tornar esse objetivo realidade?

Boa leitura!

Rosely Boschini
CEO e Publisher da Editora Gente

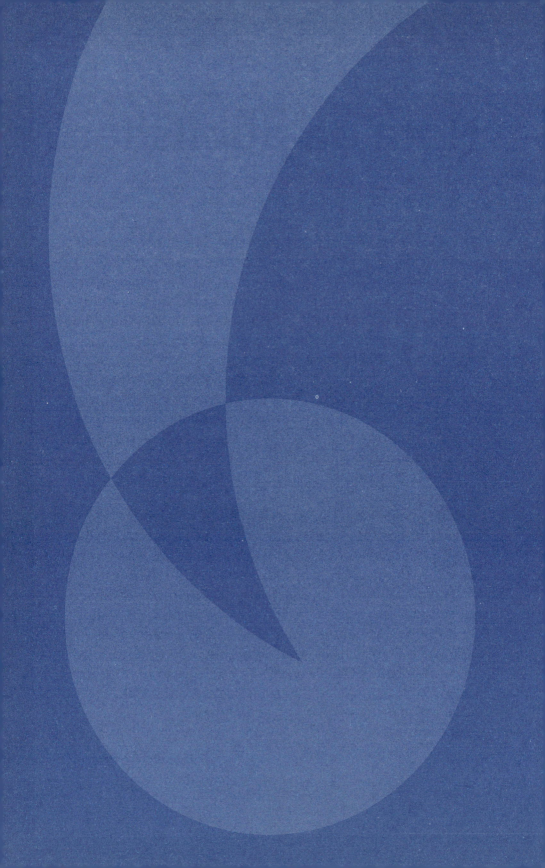

Dedicamos este livro a todas as pessoas que acreditam no propósito de criar ambientes de trabalho mais felizes.

Agradecimentos

Gostaríamos de agradecer a todas as pessoas que tornaram este livro realidade.

Em primeiro lugar às nossas esposas, Fernanda e Lisi, que estiveram ao nosso lado em todos os momentos, nos apoiando e encorajando, mesmo quando parecia impossível equilibrar tudo. Sem elas, dificilmente estaríamos aqui.

O fato que mais nos inspirou e impulsionou a explorar novas ideias e tentativas de tangibilizar a jornada que estamos vivendo foi o nascimento dos nossos filhos, Vicente e Eduardo, em 2019. Nós crescemos junto com eles e temos convicção de que no futuro este livro poderá representar tudo em que acreditamos.

Agradecemos aos nossos pais, Iara e Antônio, Del e Fernando, que sempre nos incentivaram a pensar fora da caixa, a buscar novos caminhos, nos mostrando a importância do trabalho duro e do amor. Também agradecemos aos nossos avôs e avós, irmãos e irmãs, que sempre somaram energia positiva, lições e todo o necessário para perseguirmos nossos sonhos com coragem.

Para fechar, agradecemos à nossa grande sócia Rafaela Cechinel e aos demais amigos e parrots (colaboradores da Feedz), que foram fundamentais em cada etapa desse momento incrível, compartilhando conhecimentos e nos dando confiança para avançar.

Obrigado! Todos vocês são corresponsáveis por este livro. Bora voar!

Bruno e Gabriel

Sum

PREFÁCIO:
MELHOR PARA AS PESSOAS,
MELHOR PARA OS NEGÓCIOS, MELHOR
PARA A SOCIEDADE **12**

CAPÍTULO 1:
O QUE NOS TROUXE ATÉ AQUI NÃO É O
QUE NOS LEVARÁ ADIANTE **18**

CAPÍTULO 2:
SEUS MAIORES INIMIGOS:
PRINCIPAIS DESAFIOS DE GESTÃO
DE PESSOAS NAS EMPRESAS **32**

CAPÍTULO 3:
SEU MAIOR ALIADO: FRAMEWORK
DE ALTO DESEMPENHO **48**

CAPÍTULO 4:
PROPÓSITO E ENCANTAMENTO:
POR QUE FAZEMOS O QUE FAZEMOS....................**62**

CAPÍTULO 5:
DIREÇÃO: UTILIZANDO METAS PARA
ALINHAR A EMPRESA INTEIRA.................**76**

CAPÍTULO 6:
ACOMPANHAMENTO CONTÍNUO: COMO
MANTER A EQUIPE ALINHADA E ENGAJADA........**92**

CAPÍTULO 7:
COMO SABER SE VOCÊ ESTÁ INDO BEM?............**128**

CAPÍTULO 8:
UM TIME SEM DIVERSIDADE JÁ
NASCE FRACASSADO................**150**

CAPÍTULO 9:
SAÚDE MENTAL NÃO É MIMIMI..........................**164**

CAPÍTULO 10:
AS 113 PESSOAS QUE VEM NOS
INSPIRANDO E COLABORANDO COM A
COMUNIDADE DE RH E GESTÃO..................**178**

Prefácio

MELHOR PARA AS PESSOAS, MELHOR PARA OS NEGÓCIOS, MELHOR PARA A SOCIEDADE

por Ruy Shiozawa
Great Place To Work® Brasil

Dizer que "empresas são pessoas" pode parecer óbvio. No entanto, quando eu me preparava para escrever este prefácio, veja o que aconteceu: ouvi de um vizinho uma história inacreditável comprovando que tal conceito é esquecido na prática.

No início da pandemia de covid-19, esse meu amigo, funcionário há mais de vinte anos de uma grande empresa, começou a não se sentir bem e visitou seu médico pessoal. O diagnóstico foi claro: covid-19, ainda bastante desconhecida na época. Após poucos dias de afastamento, os empregadores, apoiando-se nas incertezas sobre a pandemia naquele momento, exigiram a volta do colaborador, sob pena de descontar os dias parados. Ou seja, manter a "produtividade" a todo custo, mesmo que o custo seja a saúde – ou a vida – das pessoas.

Detalhe: estamos falando do ano de 2020, não da Idade Média!

Uma segunda história – que também parece inacreditável – retrata outra forma de lidar com situações como essas. Por volta de setembro ou outubro de 2020, época do relato anterior, a covid-19 já não era tão desconhecida. os gestores de determinada empresa acompanhavam de perto – mesmo tendo toda a organização trabalhando 100% remotamente – as saúdes física e mental de cada colaborador. Passados seis meses do início da pandemia, bem como de isolamento social, desemprego elevado, vacinas ainda não liberadas e índices de contaminados e de falecimentos crescendo de forma exponencial, percebeu-se que o grau de tensão das equipes aumentava, e a saúde mental dos empregados provavelmente estava sendo impactada. A direção da empresa contratou os serviços de uma equipe médica para iniciar diagnósticos detalhados de todo o quadro de funcionários e pesquisar formas efetivas de lidar com *burnout*, ansiedade, depressão e problemas correlatos.

MELHOR PARA AS PESSOAS, MELHOR PARA OS NEGÓCIOS, MELHOR PARA A SOCIEDADE

Muitas ações personalizadas caso a caso foram implementadas, e uma grande medida geral foi adotada: a semana de cuidados com a saúde. Cada colaborador, de acordo com sua conveniência, reservou uma semana inteira apenas para cuidar das saúdes física e mental, tendo como metas a realização de exames e checkups, visita a médicos e descanso. Detalhe: sem que esses compromissos fossem descontados das férias regulares! Quando o CEO dessa empresa contou a seus pares no mercado sobre a decisão, muitos questionaram a "perda" de uma semana de cada funcionário e a queda da produtividade. Outros se sensibilizaram e fizeram a pergunta correta: Qual foi o impacto dessa medida? Resposta: talvez nos vinte e cinco anos em atividade, nunca uma ação fora tão positiva. Foi impressionante acompanhar os colaboradores, que voltaram desse período dedicado a eles mesmos completamente energizados e, acima de tudo, agradecidos pelos empregadores estarem cuidando da saúde deles!

Outro exemplo de ações tomadas pela mesma organização foi a "demissão do prédio" em que se concentrava sua sede para evitar o desligamento de qualquer colaborador! Será que houve "perda de produtividade" ou será que a empresa se fortaleceu ao acreditar que "empresas são pessoas"?

Não vou revelar o nome da primeira empresa, mas posso contar o da segunda: Great Place To Work®. E não tenho a menor dúvida em declarar que esses cuidados reais com as pessoas trouxeram consequências positivas gigantescas: 2021 foi o melhor ano da história do GPTW®[1] no Brasil, e todos

---

[1] SHIOZAWA, R. Os aprendizados no ecossistema GPTW. **MIT Sloan**. Disponível em: https://mitsloanreview.com.br/post/os-aprendizados-no-ecossistema-gptw. Acesso em: 13 abr. 2023.

os recordes foram batidos, em especial o da quantidade de empresas engajadas na melhoria do ambiente de trabalho (milhares) e o do número de colaboradores impactados positivamente (milhões). As medidas de cuidado com a saúde mental levaram à criação de uma startup, a Jungle Medical, dedicada a verificar o grau de proteção contra as doenças mentais e orientar ações de cuidado; outras sete organizações nasceram dentro do Ecossistema GPTW® e, com isso, dezenas de colaboradores foram transformados em sócios!

O novo trabalho do Bruno Soares e do Gabriel Leite chega em um momento precioso, em que as ações afirmativas de cuidado com as pessoas e o desenvolvimento de poderosas culturas baseadas em gestão inovadora precisam ser mais e mais discutidos e difundidos. Os autores prestam um grande serviço ao país ao estimular as lideranças dessas organizações a questionar seu mindset de que, se o colaborador está ganhando, a empresa e a sociedade estão perdendo. Ao contrário, estas páginas nos ajudam a compreender que esse jogo é um ganha-ganha-ganha: melhor para as pessoas, melhor para os negócios, melhor para a sociedade!

Escrever nas paredes ou afirmar nas reuniões que "as empresas são pessoas" ou que "as pessoas são nosso principal ativo" não quer dizer absolutamente nada se não incorporarmos essa diretriz a ações práticas no dia a dia. Ou melhor, que isso se transforme na cultura da organização. Caso contrário, vamos continuar a ouvir, todos os dias, histórias escabrosas como a descrita no começo deste prefácio.

Nas quase três décadas de pesquisas do Great Place To Work® no Brasil, nunca soubemos de uma empresa que discordasse dessa conduta. Apesar disso, uma parcela ainda considerável de organizações de todos os tipos e portes nem sempre emprega essa diretriz em ações práticas em seu cotidiano.

MELHOR PARA AS PESSOAS, MELHOR PARA OS NEGÓCIOS, MELHOR PARA A SOCIEDADE

A ótima notícia é que, a cada ano, mais empresas e uma parcela maior de seus líderes efetivamente acreditam nisso. No entanto, ainda temos um enorme caminho a percorrer.

Mas por onde começar? Este livro que você tem em mãos, caro(a) leitor(a), mostra de maneira didática as inúmeras possibilidades não apenas de montar um grande plano de ação como também de começar a implementá-lo hoje, sem perder um só dia. Compreender que o cuidado e a gestão de pessoas não são funções exclusivas das áreas de recursos humanos, mas de todas as equipes de uma organização, é uma responsabilidade indelegável de todo gestor.

Aqui, Bruno e Gabriel se revelam por inteiro, pois acreditam nesse caminho, demonstrando uma causa e um propósito por trás de suas palavras e ações. Fica aí, então, a primeira grande dica de por onde começar: o propósito e o encantamento; o porquê de fazermos o que fazemos! Comece a debater esse propósito com sua equipe hoje, e você vai se surpreender com a velocidade com que as coisas podem acontecer. Detalhe: não falamos nada de metodologia ou tecnologia, e, sim, de iniciar uma profunda transformação cultural. Quando você obtiver o engajamento de sua equipe, todo o restante virá junto.

Melhor para as pessoas, que sentirão uma realização muito maior em seu trabalho. Melhor para os negócios, pois os resultados vão ser mais positivos. Melhor para a sociedade, porque as excelentes práticas aprendidas com a cultura da organização vão se espalhar pelas famílias e pela comunidade. Parece inacreditável, mas estas páginas podem ajudar a construir um mundo melhor!

Acredite nelas!

E tenha uma ótima leitura.

Ruy

Capítulo

1

O QUE NOS TROUXE ATÉ AQUI NÃO É O QUE NOS LEVARÁ ADIANTE

Você já tentou reinventar a roda? Ou pior: já *percebeu* que estava tentando reinventá-la?

Esse é um dos principais erros de quem enche o peito para falar sobre inovações no mercado. Por mais bem-intencionados que sejam tais esforços, muitos estão patinando no gelo para inventar métodos já criados e estruturados décadas antes – diversos dos quais, aliás, deram errado e foram superados após novas soluções.

Tenha o seguinte princípio em mente: **sem saber de onde você veio, é impossível definir aonde quer chegar.**

A verdade é que, quando falamos em mercado de trabalho, não podemos perder de vista o fato de que, antes de nós, existem milênios de acontecimentos e progressos tecnológicos (com um ou outro retrocesso no meio do caminho).

Se você está lendo este livro, é provável que queira o que há de mais moderno para sua empresa e sua equipe. No entanto, só será possível avançar entendendo o que nos trouxe até aqui. Caso contrário, correrá o risco de tentar reinventar a roda usando materiais rudimentares e ultrapassados. E você não quer perder tempo, certo?

Então, vamos por partes. Neste capítulo, apresentaremos um panorama geral da gestão de pessoas e equipes até o momento em que estamos. E, no final, você terá um *spoiler* do futuro do RH.

TAYLORISMO: FOCO NA TAREFA

Em 1911, foi publicada a monografia *Os princípios da administração científica*,[2] que mudaria a forma como as

---

[2] TAYLOR, F. W. **Os princípios da administração científica**. São Paulo: Atlas, 1990.

empresas eram geridas no incipiente sistema capitalista. O autor era Frederick Taylor, um operário que se formou engenheiro mecânico estudando à noite, por correspondência, e acabou se tornando o pai da Administração Científica.

Naquela época, a economia crescia de modo acelerado, na efervescência tecnológica pós-Revolução Industrial. Com isso, as empresas estavam ganhando corpo. As pessoas, que séculos antes viviam da coleta e da agricultura familiar, agora se aglomeravam em enormes indústrias que buscavam facilitar os processos. E, obviamente, era necessário que houvesse uma administração eficaz de toda essa movimentação.

Então, qual era a ideia de Taylor? **Ele acreditava que a administração deveria ser vista como ciência.** Por isso, era necessário aplicar o método científico: observar, formular hipóteses, experimentar e, então, aceitar ou rejeitar a técnica observada. Essa forma de administrar ficou conhecida mais tarde como taylorismo. No marketing, por exemplo, esse processo tem outro nome: *growth*.

E qual era o propósito do taylorismo? O engenheiro e cientista nos explicou: "O principal objetivo da administração deve ser o de assegurar o máximo de prosperidade ao patrão e, ao mesmo tempo, o máximo de prosperidade ao empregado".[3]

Naquele tempo, isso significava o seguinte: a entrada de cada vez mais dinheiro no bolso – do patrão e do empregado.

A teoria enuncia alguns princípios que guiaram tal prosperidade:

---

[3] *Idem*.

- A improvisação deveria dar lugar aos métodos testados e aprovados, ou seja: nada de gambiarras;
- Os trabalhadores teriam de ser escolhidos por suas competências e habilidades, sendo então treinados para seus cargos. (Os currículos logo se tornaram parte importante desse processo!);
- O trabalho precisaria ser executado exatamente da forma como fora estabelecido – ou seja, de acordo com o método científico –, além de supervisionado;
- Cada trabalhador deveria cuidar de apenas uma etapa do processo. Se você tivesse sido contratado para apertar um parafuso na angulação X, seria isso que faria durante toda a sua carga horária.

O foco era cada vez maior nas tarefas e nos processos, que deveriam ser eficazes e ágeis, maximizando lucros e minimizando desperdícios. "No passado, o homem vinha em primeiro lugar; no futuro, o sistema virá primeiro",[4] disse o teórico. Será?

Apesar de as visões de Taylor terem sofrido grande resistência e terem sido duramente criticadas, suas ideias não demoraram a ser aplicadas em grande escala. Ele, que era um simples operário da Midvale Steel, inspirou o dono da Ford Motor Company a revolucionar a produção industrial.[5]

---

[4] MAGALHÃES, K. **Usuários ou usados pela internet?** 2014. 48 f. TCC (Graduação) - Curso de Faculdade de Economia, Administração, Contabilidade e Atuariais, Pontifícia Universidade Católica de São Paulo, São Paulo, 2014.

[5] FREITAS, E. Taylorismo e Fordismo. **Mundo Educação**. Disponível em: https://mundoeducacao.uol.com.br/geografia/taylorismo-fordismo.htm. Acesso em: 21 fev. 2023.

> O QUE NOS TROUXE ATÉ AQUI NÃO É O QUE NOS LEVARÁ ADIANTE

HENRY FORD PEGOU A TEORIA E COLOCOU-A EM PRÁTICA

Em 1913, Henry Ford, um próspero empresário do setor automotivo, começou a aplicar o taylorismo em sua linha de produção. Taylor tinha a teoria; Ford era detentor do poder de colocá-la em prática.

O processo, que antes era artesanal, deu origem a uma linha de montagem organizada e pautada na racionalidade. A ideia era automatizar processos e, com isso, aumentar a escala.

A partir daí, a camada gerencial se separou da camada operacional. O empregado deixou de ser pago para conhecer toda a cadeia produtiva e passou a receber para apertar parafuso, lembra?

Ford foi muito bem-sucedido em seus esforços de aplicar o método taylorista, porém, conforme as tarefas ficavam mais simples e os trabalhadores menos conscientes do todo, estes foram se tornando apenas peças de engrenagem, não profissionais. E os operários passaram a ser substituíveis, pois deles se exigia cada vez menos estudo e profissionalização – afinal, era o que barateava o custo da produção.

Isso inaugurou e intensificou uma luta entre trabalhadores e empresários[6], tendo como consequências a criação de sindicatos e uma demanda por segurança social.

==Esse foco na tarefa e no processo logo se mostrou negligente quanto ao aspecto crucial da gestão de pessoas: as pessoas.== E foi então que surgiu a abordagem humanística.

---

[6] MAZZINI, M. C. C. A Precarização Estrutural do Trabalho no Mundo e os Impactos para o Trabalho Docente. **Revista Org & Demo**, Marília, v. 19, n. 1, p. 25-44, 29 jun. 2018.

A ABORDAGEM HUMANÍSTICA: FOCO NAS PESSOAS, NÃO NAS TAREFAS

Pense no seguinte: cada um de nós é muito mais que uma peça de engrenagem. Sendo assim, temos qualidades valiosas para nosso progresso. Por que deveríamos desperdiçar tanto potencial? Por que ignorar tais fatores? Não precisamos dizer que a noção de ser apenas uma peça de engrenagem pode fazer qualquer um se sentir descartável.

A demanda por direitos trabalhistas, como aqueles consolidados em 1943 durante o período do Estado Novo de Getúlio Vargas no Brasil,[7] buscava garantir que não houvesse abusos dos empregadores, distribuindo poder também para o lado mais fraco da corda: os empregados. Parecia injusto que eles inevitavelmente se tornassem descartáveis durante o processo de produção, sem mais nem menos. Urgia pensar nas pessoas, sem enxergá-las como meras peças de engrenagem que sequer chegavam a ser máquinas inteiras.

Então, nesse período, alguns pesquisadores fizeram descobertas interessantes. Podemos dizer que a experiência mais importante para a época foi a que ocorreu em Hawthorne,[8] uma empresa de aço que **não estava**

---

[7] LEGISLAÇÃO trabalhista: entenda tudo sobre leis trabalhistas (CLT). **Portal da Indústria**. Disponível em: https://www.portaldaindustria.com.br/industria-de-a-z/o-que-e-legislacao-trabalhista/. Acesso em: 21 fev. 2023.

[8] ARAUJO, M. Experiência de Hawthorne. **InfoEscola**. Disponível em: https://www.infoescola.com/administracao_/experiencia-de-hawthorne/. Acesso em: 21 fev. 2023.

interessada em aumentar a produção, mas em conhecer melhor os colaboradores.

O experimento, realizado em 1927, chegou a algumas conclusões:

1. O **nível de produção** não depende tanto das condições físicas dos empregados, mas de **normas sociais e fatores psicológicos;**
2. Os grupos ditam as próprias normas, às quais cada indivíduo deve se adaptar. Ou seja, não basta estudar cada pessoa, mas entender **como elas funcionam como microssociedade;**
3. Os trabalhadores desenvolvem expectativas em relação aos administradores, as quais **influenciam seu trabalho e sua eficiência;**
4. **As pessoas não são movidas apenas por salários**, mas por aprovação social, reconhecimento e fatores emocionais.

Isso mudou a forma como as empresas encaravam os trabalhadores. E, à luz desses dados, podemos enxergar a realidade atual: segundo levantamento da Happy Melly, **enquanto 12% dos colaboradores estão insatisfeitos com o salário, 64% reclamam de falta de reconhecimento no ambiente de trabalho.**[9] Mas o que esses números significam?

---

[9] SOARES, B. Quem é a Feedz e por que somos a melhor solução para seu RH? **Feedz**. Disponível em: https://www.feedz.com.br/blog/quem-e-a-feedz/. Acesso em: 21 fev. 2023.

A FELICIDADE DOS COLABORADORES E O SUCESSO DA EMPRESA DEPENDEM DE MÚLTIPLOS FATORES

Quando voltamos à frase de Taylor, que dizia querer o máximo de prosperidade para empregadores e empregados, percebemos que o conceito de "prosperidade" inclui muitas variáveis.

Não estamos falando apenas de motivação. Portanto, não adianta dar palestras motivacionais se o seu colaborador precisa escolher, no fim do mês, se paga a conta de luz ou a de água.

Não estamos falando apenas de salário. Portanto, não adianta dar um bônus de produtividade se o seu colaborador está triste, desmotivado e a caminho de um *burnout*.

Não estamos falando apenas de saúde mental. Portanto, não adianta seu colaborador estar em um ambiente calmo, sem pressões, se ele não se sente integrado ao time nem realizado com seu ofício.

Estamos falando de todos esses fatores juntos. Porque nós, humanos, somos tudo isso e mais um pouco.

POR QUE É TÃO NECESSÁRIO PENSAR NAS PESSOAS?

Se dermos alguns passos atrás, voltando ao período da colonização, perceberemos como nosso país e boa parte do mundo se desenvolveram à custa do trabalho forçado. Ou seja, o "progresso" que alguns defendiam dependia da degradação de outros. Natural que, nesse cenário, surgissem constantes protestos, intrigas e revoluções.

Mesmo com o avanço dos direitos trabalhistas, da abordagem humanística e da globalização, ainda existem casos de trabalho análogo à escravidão.[10] E, quando analisamos os dados, percebemos que, apesar de sermos um país produtivo, ainda temos uma renda mal distribuída: metade da população brasileira ganha menos de 500 reais por mês.[11]

Se nem as condições básicas de vida estão sendo supridas, o que resta quando pensamos na felicidade e no bem-estar desses trabalhadores?

Segundo uma pesquisa sobre saúde mental em empresas brasileiras conduzida pela Kenoby,[12] 93% dos 488 profissionais de recursos humanos que participaram do levantamento acreditam que falta um olhar das organizações para o tema. O estudo indica que 60% das companhias pretendem contratar profissionais para cuidar do bem-estar mental, só que mais da metade dos entrevistados não sabe dizer quando isso vai acontecer.

A situação é ainda mais preocupante quando lemos que 67% das empresas do levantamento tiveram colaboradores afastados por algum problema emocional.

---

10 NOVO, D. *et al*. Idosa é resgatada no Rio após 72 anos em situação análoga à escravidão; é caso mais antigo de exploração no Brasil. **G1**, 13 maio 2022. Disponível em: https://g1.globo.com/rj/rio-de-janeiro/noticia/2022/05/13/idosa-e-resgatada-no-rio-apos-72-anos-em-situacao-analoga-a-escravidao.ghtml. Acesso em: 21 jan. 2023.

11 MENDONÇA, H. Viver com 413 reais ao mês, a realidade de metade do Brasil. **El País Brasil**, 4 nov. 2019. Disponível em: https://brasil.elpais.com/brasil/2019/10/30/economia/1572454880_959970.html. Acesso em: 21 jan. 2023.

12 SPONCHIATO, D. Pesquisa mapeia atenção à saúde mental nas empresas brasileiras. **Veja Saúde**, 5 maio 2021. Disponível em: https://saude.abril.com.br/mente-saudavel/pesquisa-mapeia-atencao-a-saude-mental-nas-empresas-brasileiras/. Acesso em: 21 jan. 2023.

Outro estudo, este organizado por Daniel Kahneman, proeminente pesquisador da área da felicidade, concluiu que as atividades diárias em que as pessoas têm menos prazer são o trabalho e o trajeto até ele.[13] O que é bem grave, tendo em vista que passamos boa parte da vida nos deslocando para trabalhar e, de fato, trabalhando.

De acordo com uma pesquisa da Robert Half,[14] realizada em cinco países, 38% dos executivos indicam que suas equipes têm uma atitude positiva no trabalho remoto, mas 22% dos colaboradores estão isolados, e 19%, à beira do *burnout*.

Há diversos estigmas sobre o trabalho construídos ao longo dos anos:

- Para várias pessoas, o trabalho é apenas um fardo que devemos carregar;
- Muitos acreditam que todo empregador tem como objetivo explorar o empregado, causando seu prejuízo e abusando de sua boa vontade;
- Para diversos indivíduos, é impossível ser feliz trabalhando.

Surgem, então, questões que devem ser respondidas:

- Como gerir pessoas com tamanho estigma sobre o fardo de trabalhar?
- Como fazer os trabalhadores atuais, da nossa e da sua empresa, serem produtivos, motivados e felizes?

---

[13] HALF, R. Dia Internacional da Felicidade: por que o trabalho importa para a felicidade mundial? **Robert Half Talent Solutions**, 19 mar. 2021. Disponível em: https://www.roberthalf.com.br/blog/tendencias/dia-internacional-da-felicidade-por-que-o-trabalho-importa-para-felicidade-mundial. Acesso em: 21 jan. 2023.

[14] *Idem*.

- Ou, voltando à ideia de Taylor, como fazer empregadores e empregados serem prósperos?
- Como pensar no futuro das pessoas nas organizações, tendo em vista a automatização, que parece uma constante ameaça aos trabalhadores?

Mapeando esse cenário, não adianta jogar todos os problemas para debaixo do tapete. Ignorar esse histórico e essa realidade não nos ajuda. **Precisamos, na verdade, aprender e trabalhar juntos para criar ambientes de trabalho mais felizes.**

POR QUE SE IMPORTAR TANTO COM A FELICIDADE?

Os números lançam uma luz muito interessante sobre a importância do tema: para uma pesquisa da Universidade da Califórnia, **colaboradores mais felizes são, em média, 31% mais produtivos, três vezes mais criativos e vendem 37% a mais** em comparação com outros.[15] E, quando falamos em felicidade, costumamos dizer que ela não significa necessariamente estampar um sorriso no rosto, mas estar satisfeito e realizado pelo caminho que está seguindo.

E, como já definimos, essa satisfação é muito rara nos ambientes profissionais, o que prejudica a relação felicidade x resultado dentro das empresas. Tal cenário torna impossível não levantarmos o seguinte questionamento:

---

[15] LEITE, G. Como alcançar a felicidade no trabalho e transformá-la em lucro. **Exame**, 19 jul. 2022. Disponível em: https://exame.com/bussola/como-alcancar-a-felicidade-no-trabalho-e-transforma-la-em-lucro/. Acesso em: 21 fev. 2023.

Já que os profissionais estão insatisfeitos, por que não os substituir por máquinas de uma vez por todas?

A partir de agora, com a leitura deste livro, essa e outras perguntas serão respondidas e você não terá a ilusão de que está inovando; você de fato aprenderá o que há de mais moderno e eficiente em RH. Nosso objetivo é que, ao aplicar o que aprender nestas páginas, você consiga criar ambientes de trabalho mais felizes e, consequentemente, mais produtivos e com mais resultados.

Bora voar?

A NOÇÃO DE SER APENAS UMA PEÇA DE ENGRENAGEM PODE FAZER QUALQUER UM SE SENTIR DESCARTÁVEL.

Capítulo

2

SEUS MAIORES INIMIGOS: PRINCIPAIS DESAFIOS DE GESTÃO DE PESSOAS NAS EMPRESAS

Fundada em 2018, a Feedz tem inspirado milhões de RHs a serem cada vez mais estratégicos, se consolidado como a plataforma de gestão de pessoas mais completa do Brasil. Enquanto escrevíamos este livro, nossa empresa foi comprada por 110 milhões de reais pela TOTVS, a maior no segmento de tecnologia. A Feedz, através da suas soluções, já tem impactando mais de 200 mil pessoas em 1.500 empresas.

No entanto, **não adianta apenas apresentarmos as diretrizes que seguimos para que você as copie.** Também de nada lhe serve entregarmos o acesso à ferramenta, pois é provável que você não saiba aplicá-la e não realize milagre algum em sua gestão. **Não há uma receita de bolo ou fórmula mágica.** Cada empresa funciona como um ecossistema diferente, tendo suas particularidades que precisam ser consideradas. **Empresas são pessoas, lembra?**

Antes de mais nada, **é necessário identificar os inimigos da produtividade, das boas equipes e das boas lideranças.** E, para isso, perguntamos: Quando foi a última vez que você rodou uma pesquisa anônima na sua empresa? Sabemos que dói ter conhecimento sobre as verdades e que esse processo não é o mais confortável, mas ouvir é o primeiro passo para a inovação e a construção de uma cultura forte.

Apenas após identificar os problemas principais que uma gestão enfrenta é que você poderá solucioná-los e evitá-los. Neste capítulo, você identificará quem são seus cinco maiores inimigos. No próximo, verá quem são seus três maiores aliados.

BUROCRACIA, PROCESSOS TRAVADOS E LÍDERES INACESSÍVEIS

Os trabalhadores do século XXI são muito diferentes dos trabalhadores do começo do século passado. Décadas de evoluções tecnológicas e acontecimentos que marcaram a sociedade os dividem.

Os chamados *baby boomers*, aqueles que nasceram após a Segunda Guerra Mundial, preocupavam-se em ter seu salário garantido para que pudessem sustentar a família. Hoje, as novas gerações almejam a liberdade de trabalhar onde quiserem e o acesso aos líderes sem estruturas complexas de poder, além de ter cada processo do trabalho facilitado ao máximo.

Uma pesquisa da Virtuali revelou que 83% dos *millennials*[16] – geração referente aos nascidos após o início da década de 1980 até o fim do século XX, que compõem grande parte da força de trabalho de empresas como o Google – querem menos camadas de gerenciamento. Isso significa que anseiam por acesso fácil aos gestores e por sentir que suas opiniões estão sendo de fato levadas em consideração.

Esse desejo mudou até mesmo a estrutura física de muitos escritórios. Nas empresas inovadoras são comuns ambientes abertos onde gestores trabalham lado a lado com os colaboradores; em alguns casos, com os próprios CEOs. Algo impensável para o século passado, concorda?

O Projeto Oxigênio,[17] por exemplo, que nasceu no Google em 2008, tem a intenção de adaptar a cultura organizacional ao entendimento do que leva um gerente a ser necessário e eficaz. Sendo assim, foi contratado um grupo de estatísticos para avaliar e classificar os gerentes, tendo por base

---

[16] DAMIGO, E. The millenial leadership survey. **Thinking Ahead**. Disponível em: https://thinkingahead.uk.com/2019/04/15/the-millennial-leadership-survey-videostudy/. Acesso em: 12 abr. 2023.

[17] SOARES, B. Projeto oxigênio do Google: aprenda transformar a cultura da sua equipe. **Feedz**, 9 jul. 2021. Disponível em: https://www.feedz.com.br/blog/projeto-oxigenio-do-google/. Acesso em: 21 jan. 2023.

o feedback dos funcionários, avaliações de desempenho e entrevistas.

Após essa pesquisa, foram identificados os comportamentos comuns entre os gerentes de maior desempenho. Tais descobertas, então, foram incorporadas ao programa de desenvolvimento de gerentes do Google.

O resultado? **Depois da implantação do projeto, melhoraram os resultados das equipes, a rotatividade diminuiu e aumentou a satisfação e o desempenho do time ao longo do tempo.**

Entretanto, à medida que a equipe evoluiu e cresceu, aumentaram também as demandas para com os gerentes. Com base em feedbacks e pesquisas de satisfação, foi identificado que os colaboradores esperavam maior colaboração entre os setores e práticas de tomada de decisões mais fortes dos líderes. Assim, foram implantados mais dois comportamentos essenciais para os gestores.

VOCÊ PODE LER MAIS SOBRE ESSA EXPERIÊNCIA NO NOSSO BLOG! BASTA APONTAR A CÂMERA DO SEU CELULAR PARA O QR CODE AO LADO.

https://www.feedz.com.br/blog/projeto-oxigenio-do-google/

Precisamos ter em mente que, nos últimos anos, as empresas perderam o status de meras prestadoras de serviços e fabricantes de produtos. Elas agora são responsáveis por conduzir mudanças na sociedade e satisfazer os valores das pessoas que as integram.

Tudo isso só é possível com uma gestão inspiradora e eficaz, que nos protege do próximo problema.

BAIXO ENGAJAMENTO

Muitos trabalhadores que pedem demissão não têm nada em mente para o futuro de suas carreiras. Então, por que dão um passo tão radical?

Será que ficar desempregado se tornou um problema menor do que permanecer estressado, ansioso e exausto sob uma gestão ineficiente e, às vezes, abusiva? Para quem trabalha na área de tecnologia, existe também o grande crescimento de ofertas de emprego no segmento em todo o mundo – um aumento que já acontecia ano a ano, exponencializado no pós-pandemia[18].

O baixo engajamento não é um problema que surge do dia para a noite; os colaboradores não simplesmente desistem de trabalhar após acordar em uma bela sexta-feira ensolarada. Na verdade, **os sinais do problema aparecem aos poucos, mas muitos líderes preferem ignorá-los.** Ou, quando não ignoram, se empenham pelas soluções erradas.

Segundo pesquisa divulgada pela consultoria Robert Half, em 2014, o fenômeno da rotatividade de funcionários foi observado em 82% das companhias brasileiras.[19] Essa

---

[18] ALMEIDA, F.; GUIDO, G. Mercado de TI continua contratando, apesar da crise das big techs. **Forbes**, 31 jan. 2023. Disponível em: https://forbes.com.br/carreira/2023/01/mercado-tech-continua-aquecido-apesar-das-demissoes/. Acesso em: 12 abr. 2023.

[19] MELO, L. No Brasil, rotatividade de pessoal cresceu 82%. **Exame**, 25 jun. 2014. Disponível em: https://exame.com/negocios/no-brasil-turnover-cresce-o-dobro-da-media-mundial/. Acesso em: 22 fev. 2023.

porcentagem é duas vezes maior do que a registrada em outros países, tornando o número assustador.

Outra pesquisa realizada com mais de 36 mil pessoas e 226 empresas indicou que organizações humanizadas, que têm uma liderança consciente e uma cultura capaz de se adaptar, resistem melhor às crises.[20]

Infelizmente, é mais comum do que se imagina vermos indivíduos no cargo de liderança serem displicentes em relação a problemas de gestão de pessoas, jogando-os para debaixo do tapete; e até empresas passando pano para atitudes negligentes e/ou tóxicas. Esses líderes, inclusive, não deveriam nem ser chamados como tal, porque liderança é o oposto disso: é atitude (positiva). A real é que hoje temos péssimos líderes, em especial por não existir uma graduação em gestão que prepare para o mercado de trabalho. Quase sempre o cargo de gestão é jogado no colo de alguém que se destaca tecnicamente e precisa lidar com o desafio de gestão de pessoas da noite para o dia.

Entretanto, hoje existem inúmeros cursos, artigos, eventos, livros e ferramentas que podem colaborar para que uma boa gestão seja exercida. Não tem mais desculpa. Inclusive, as principais práticas serão citadas aqui. **Se você está em algum cargo de liderança, com certeza escolheu o livro certo.**

Mas, afinal de contas, **o que é esse tal do engajamento de colaboradores de que tanto falam?**

---

[20] BIGARELLI, B. Empresas humanizadas resistem melhor às crises. **Valor Econômico**, 16 abr. 2021. Disponível em: https://valor.globo.com/carreira/noticia/2021/04/16/empresas-humanizadas-resistem-melhor-as-crises.ghtml. Acesso em: 21 jan. 2023.

A **definição de engajamento** é extensa e engloba elementos como **envolvimento, empenho e comprometimento** com aquilo que está sendo realizado. É a participação ativa em alguma coisa.

No entanto, cada empresa precisa definir o que é engajamento *para ela* – se são todas essas características ou apenas algumas.

Para chegar a essa conclusão, é interessante que várias lideranças discutam o tema e ouçam os colaboradores. O engajamento precisa ser adequado às peculiaridades da sua empresa, construindo o conceito de acordo com as condições e a realidade do negócio.

Isso dará uma visão holística sobre a organização e suas necessidades, conforme veremos de maneira mais profunda e prática no capítulo 5.

PROBLEMAS DE COMUNICAÇÃO

Já recebeu e-mails sobre problemas que não cabia a você resolver? Ou pior: já esteve em reuniões nas quais vários participantes não faziam ideia do que estava acontecendo?

Essas são situações muito comuns no meio corporativo. E quem é o responsável? Em boa parte dos casos, o gestor da equipe. Esse tipo de reunião não deve existir em seu negócio; além de ser improdutivo e constrangedor, custa caro ocupar o tempo de trabalho de diversas pessoas que não precisam estar ali.

A verdade é que todas as etapas de um trabalho envolvem a comunicação com o todo. E a pandemia e a consequente revisão de processos presenciais para adaptá-los à realidade remota intensificaram ainda mais a necessidade de construirmos uma comunicação eficiente e sem ruídos no ambiente profissional.

Não havendo boa comunicação, somos levados a outro problema.

TIMES SEM SINERGIA

Para que um foguete decole, é necessário que cada uma das pequenas peças que o compõem cumpra sua função e se comuniquem entre si. Então, o que dizer das pessoas, que são muito mais complexas que peças de foguete?

Arthur Diniz, CEO da Crescimentum, afirmou em entrevista à Feedz[21]: "não quer dizer que todos [os colaboradores] precisam ser amigos, mas é essencial que um confie no trabalho e na capacidade do outro".

Seguindo a mesma linha de raciocínio, temos uma citação de Simon Sinek que complementa e reforça essa ideia: "time não é um grupo de pessoas que trabalham juntas. Um time é um grupo de pessoas que confiam umas nas outras".[22]

No entanto, não é esse o cenário que vemos em muitas empresas. Há, em alguns casos, um ambiente em que os colaboradores tentam puxar o tapete uns dos outros, pois sabem que, não havendo reconhecimento e justiça por parte da liderança, cada um precisa pensar e agir de maneira

---

21 FEEDZCAST 50: lideranças remotas com Arthur Diniz. **Feedzcast**, 11 ago 2021. *Podcast*. Disponível em: https://open.spotify.com/episode/3HSuvxLOParV7OZj9wrcHc. Acesso em: 03 mai. 2023.

22 SINEK, S. A team is not a group of people that work together. A team is a group of people that trust each other. 17 nov. 2014. **Twitter**: simonsinek. Disponível em: https://twitter.com/simonsinek/status/534495244847689728. Acesso em: 22 fev. 2023.

individualista. Você com certeza já escutou a terrível frase "cada um por si", certo?

Em um levantamento realizado pela FEEx em 2020 com mais de 150 mil trabalhadores em empresas brasileiras, 26% dos entrevistados apontaram "falta de ética" como um motivo que os levariam a pedir demissão.[23]

Isso nos traz à atenção outro problema comum, mencionado rapidamente nos parágrafos anteriores. É o que veremos a seguir.

FALTA DE RECONHECIMENTO

"Eu faço tudo pela empresa, mas ninguém me valoriza!" Alguém já lhe disse isso? A verdade é que **não adianta pedir ao colaborador que vista a camisa da empresa se o técnico sequer comemora os seus gols**.

Essa é uma reclamação comum no âmbito empresarial, e a solução não precisa ser complexa: o reconhecimento pode vir, às vezes, até de um simples "tapinha" nas costas.

Podemos nos lembrar do que vimos no capítulo anterior: enquanto algumas teorias do século passado apontavam a remuneração como única recompensa ao trabalhador, aos poucos os estudos revelaram que existem muitos outros fatores envolvidos na produtividade do empregado, entre os quais a sensação de ser notado (e apreciado!) pelo que produz.

Precisamos ser justos: **muitos líderes são esforçados nesse aspecto. No entanto, ainda falta direcionamento.**

---

[23] RODRIGUEZ, A. Pesquisa revela quais motivos levariam brasileiro a pedir demissão. **Uol Economia**, 28 nov. 2020. Disponível em: https://economia.uol.com.br/noticias/redacao/2020/11/28/pesquisa-revela-quais-motivos-levariam-brasileiro-a-pedir-demissao.htm. Acesso em: 21 jan. 2023.

E isso traz consequências: segundo um levantamento feito pela International Stress Management Association, 89% dos trabalhadores brasileiros sofrem estresse por sentir que seu trabalho é irrelevante para a empresa.[24]

Falar sobre esse assunto e não se lembrar da famosa frase do ilustre Mario Sergio Cortella é quase uma tarefa impossível: "Reconhecimento é a melhor forma de estimular alguém".[25] E ele tem razão.

SE VOCÊ QUISER SE APROFUNDAR MAIS NO ASSUNTO, DISPONIBILIZAMOS, EM NOSSO BLOG, UM TUTORIAL COM ONZE FORMAS DE RECONHECIMENTO QUE VOCÊ PODE APLICAR FACILMENTE EM SUA EMPRESA.

Na verdade, nas organizações não falta apenas reconhecimento, mas também feedbacks. Segundo outra pesquisa feita pela FEEx, cerca de 20% dos trabalhadores no Brasil

---

24 SCIREA, B. Pesquisa aponta que 89% das pessoas sofre de estresse por falta de reconhecimento no trabalho. **GZH Vida**, 20 jun. 2015. Disponível em: https://gauchazh.clicrbs.com.br/saude/vida/noticia/2015/06/pesquisa-aponta-que-89-das-pessoas-sofre-de-estresse-por-falta-de-reconhecimento-no-trabalho-4785670.html. Acesso em: 21 jan. 2023.

25 BIGARELLI, B. Reconhecimento é a melhor forma de estimular alguém. **Época Negócios**, 22 ago. 2016. Disponível em: https://epocanegocios.globo.com/Carreira/noticia/2016/08/reconhecimento-e-melhor-forma-de-estimular-alguem.html. Acesso em: 22 fev. 2023.

sentem que não recebem feedbacks suficientes.[26] E isso nos revela outro problema.

FALTA DE COMPETÊNCIAS HUMANAS

É interessante notar que a mesma pesquisa revela que os líderes são vistos como pessoas muito competentes tecnicamente em suas áreas (91,5%), mesmo que às vezes pequem em algo tão simples como dar feedbacks.

Por que isso tende a ocorrer? Porque os líderes escolhidos costumam ser indivíduos que se destacaram exercendo trabalhos técnicos e operacionais, mesmo que não tenham nenhuma inteligência relacional.

E qual é o problema disso? **Liderar é uma competência humana, que depende da habilidade de conhecer os colaboradores e guiá-los em direção a objetivos e metas.**

Em 1969, o pesquisador Laurence J. Peter conduziu o "Princípio de Peter",[27] que revelou que colaboradores

---

26 LAZARETTI, B. Cultura de feedback é o maior problema da gestão brasileira, diz pesquisa. **Uol Economia**, 10 nov. 2020. Disponível em: https://economia.uol.com.br/noticias/redacao/2020/11/10/dar-feedback-e-o-maior-ponto-fraco-na-gestao-brasileira-diz-pesquisa.htm. Acesso em: 21 jan. 2023.

27 O QUE é o Princípio de Peter, que diz que vagas tendem a ser ocupadas por 'incompetentes'. **BBC News Brasil**, 4 jun. 2021. Disponível em: https://www.bbc.com/portuguese/geral-57305027#:~:text=V%C3%ADdeos-,O%20que%20%C3%A9%20o%20Princ%C3%ADpio%20de%20Peter%2C%20que%20diz%20que,a%20ser%20ocupadas%20por%20'incompetentes'&text=Em%20sua%20teoria%20da%20evolu%C3%A7%C3%A3o,passam%20para%20a%20pr%C3%B3xima%20rodada. Acesso em: 22 fev. 2023.

tendem a ser promovidos até chegar a um cargo em que sejam incompetentes.

Esse domínio técnico por parte da liderança, com a ausência de competências humanas desenvolvidas, é explicado pelo último problema considerado neste capítulo e que será abordado a seguir.

MICROGERENCIAMENTO E FALTA DE DELEGAÇÃO

Os *millennials* depararam-se com líderes inacessíveis, mas que são bem presentes para praticar o tão temido microgerenciamento.

Microgerenciar é uma forma de liderar que, na maior parte dos casos, traz resultados negativos. Por mais que o gestor tenha boas intenções, a prática torna o trabalho dos liderados exaustivo, burocrático, sem liberdade e até mesmo ausente de identidade. Quem não gosta de idealizar uma solução, colocá-la em prática e colher bons resultados?

O microgerenciamento tira a oportunidade dos colaboradores de ver isso acontecer, uma vez que a interferência da liderança é tanta que se torna quase impossível ter espírito de dono ou imprimir uma identidade em um projeto.

Essa prática da gestão de querer controlar todas as etapas do processo, salvo exceções, mina a motivação das pessoas, o que traz um impacto direto para a empresa. Uma pesquisa da Right Management[28] mostra que profissionais motivados são 50% mais produtivos.

---

28 NOVA, A. C. These tips will enhance engagement in your company. **Exago Brasil**. Disponível em: https://exagobrasil.com.br/tips-enhance-engagement-company/. Acesso em: 22 fev. 2023.

Além disso, colaboradores desmotivados e soterrados por microgerenciamento tendem a ter mais problemas de relacionamento com o cliente e provocar o aumento das taxas de rotatividade de funcionários (*turnover*) do negócio. Essa prática também não permite o desenvolvimento de competências humanas da equipe, já que o foco sempre será vencer as burocracias demasiadas nos processos.

Vamos combinar que esses resultados não são o que busca uma liderança de verdade, certo? Então, por que muitos continuam a insistir no microgerenciamento?

É possível que o líder não entenda que sua forma de se portar está sendo tóxica ou que ele esteja acostumado a agir assim por já ter sido uma vítima do microgerenciamento antes de ocupar uma posição de gestão.

Na verdade, quando olhamos para as boas práticas de liderança, percebemos que a delegação é o caminho para evitar uma gestão desmotivadora. Com ela, os líderes ensinam os processos em vez de apenas dar ordens e interferir constantemente no trabalho do seu time; como consequência, cultivam o espírito de dono e motivação na sua equipe.

COMO SE PORTAR DIANTE DE TANTOS PROBLEMAS?

Talvez você fique perdido. Um dia lhe falaram que criar um negócio era simples e desejável; no outro, percebeu que existem inúmeras necessidades a serem atendidas – e, não sabendo atendê-las, você corre o risco de afundar uma organização inteira.

No próximo capítulo, começaremos a apresentar aquilo que é mais importante para conquistar uma gestão de sucesso e uma cultura forte: a ação!

APENAS APÓS IDENTIFICAR OS PROBLEMAS PRINCIPAIS QUE UMA GESTÃO ENFRENTA É QUE VOCÊ PODERÁ SOLUCIONÁ-LOS E EVITÁ-LOS.

Capítulo 3

SEU MAIOR ALIADO: FRAMEWORK DE ALTO DESEMPENHO

A forma como aprendemos a gerenciar pessoas no século XX é perfeita! **Pena que faz parte de um mundo que não existe mais.**

"Poxa, mas bem na minha vez de liderar?"

Pois é, bem na sua vez!

Vivemos em um período diferente das décadas passadas. Naquela época, as pessoas entravam nas empresas com o objetivo de fazer uma longa carreira, em que se escalava da camada operacional à diretoria de uma grande organização. Na geração seguinte, tivemos um grupo de indivíduos obstinados por reconhecimento: queriam logo ser diretores e presidentes. **A geração atual, no entanto, está muito mais preocupada com o propósito.**

Atualmente, surgem as seguintes perguntas:

- O que a empresa faz está de acordo com o meu propósito de vida?
- O meu jeito de ser está alinhado com o que a empresa acredita?
- Como ela se posiciona diante dos principais conflitos da sociedade?

Horários rígidos, cartão de ponto, microgerenciamento, hierarquia vertical... tudo isso funcionou durante muito tempo. Você se lembra das teorias e práticas de gestão abordadas no capítulo 1?

ESSE MUNDO NÃO EXISTE MAIS!

Isso faz com que muitas organizações atuais deixem nítidos quais são seus valores, objetivos e preocupações.

> SEU MAIOR ALIADO: FRAMEWORK DE ALTO DESEMPENHO

Segundo o antropólogo Jamais Cascio, estamos em uma realidade chamada "Mundo BANI".[29] BANI é uma sigla para Frágil, Ansioso, Não Linear e Incompreensível (em inglês, *brittle*, *anxious*, *nonlinear* e *incomprehensible*). Isso significa que muitos planejamentos a longo prazo, que antes funcionavam, não servem mais. Inclusive, vamos combinar, aqueles planos gigantescos só eram bons na hora de serem feitos, já que, em geral, ficavam largados e esquecidos em alguma gaveta. No entanto, planejar era e continua sendo importante, porém jogamos o jogo da velocidade, em uma era que permite pouca previsibilidade, pois tudo muda muito rápido e a cada semana surge algo novo. É preciso dar mais atenção para o curto e médio prazo.

Além da alta liderança, quem também sofre com isso são os gestores, pois foram gerenciados de uma forma e precisam liderar de outra.

O Google identificou, com a pesquisa citada no capítulo 2, os padrões de gestão dos melhores líderes e elencou os comportamentos mais comuns. De todos eles, quero chamar a atenção para os primeiros: bom coaching, empoderamento, preocupação com sucesso e bem-estar. Explico por que os considero interessantes:

Os melhores líderes são bons coaches. Para nós, um líder precisa ser um bom treinador. Por quê? Grandes gerentes não são apenas ótimos executores. Eles investem tempo e energia para treinar os outros e compartilham as melhores práticas a fim de que sua equipe cresça profissionalmente.

---

[29] ROSOLEN, D. Verbete Draft: o que é Mundo BANI. **Projeto Draft**, 6 jan. 2021. Disponível em: https://www.projetodraft.com/verbete-draft-o-que-e-mundo-bani/. Acesso em: 22 fev. 2023.

Os melhores líderes capacitam a equipe e não microgerenciam. É mais importante capacitar um profissional para que ele, sozinho, tome decisões alinhadas com o objetivo da empresa do que acompanhar suas ações de perto. Assim, o gerente dá liberdade ao colaborador – em especial funcionários com mais tempo de casa – tendo a certeza de que pode confiar na execução do trabalho.

Os melhores líderes criam um ambiente de equipe inclusivo, mostrando preocupação com o sucesso e o bem-estar do time. Um bom gerente ajuda a manter um espaço construtivo e acolhedor, em que todos se sintam à vontade para propor novas práticas, questionar decisões e trabalhar em novas ideias.

Além desses fatores que os grandes líderes dominam, o Google conseguiu comprovar quão relevantes são os bons gestores para os negócios. Quem cria valor para o mercado não é a empresa, mas as pessoas que fazem parte dela. A liderança, portanto, é determinante. É por isso que a Netflix, o Google e outras empresas líderes de mercado têm investido tanto em seus gestores.

Reed Hastings, cofundador da Netflix, conta em seu livro *A regra é não ter regras*[30] detalhes sobre a cultura que levou a empresa a dominar o mercado, inovando a forma como assistimos a filmes. Na obra, ele relata que as circunstâncias de cada equipe são únicas, não havendo como delimitar regras. Ele ainda explica que há princípios a serem seguidos, tais como liberdade, responsabilidade pelos erros e reconhecimento dos acertos.

---

[30] HASTINGS, R.; MEYER, E. **A regra é não ter regras**: a Netflix e a cultura da reinvenção. Rio de Janeiro: Intrínseca, 2020.

Com tudo isso em mente, fizemos muitas pesquisas para criar um framework de gestão moderna para equipes de alto desempenho. O resultado pode ser conferido na imagem a seguir. O que você verá neste capítulo são **os três pilares que compõem tal framework**, os quais serão detalhados nos próximos três capítulos com princípios teóricos e ferramentas práticas.

FRAMEWORK DE ALTO DESEMPENHO

TIME DE ALTO DESEMPENHO

Propósito
Quando vivido de fato, o propósito **encanta** e **aumenta a satisfação** com a empresa.
- Por que a empresa existe?
- Por que as pessoas vão trabalhar?
- Por que as pessoas devem se importar?

Objetivos
Aumentam a energia, dão **foco** e **direcionam** para o caminho desejado.
- Melhoram a transparência na empresa;
- Constroem times mais alinhados;
- Fazem todos evoluírem em uma mesma direção.

Acompanhamento contínuo
Define e alinha expectativas, construindo confiança e promovendo feedbacks.
- Melhora o relacionamento com o líder;
- Melhora a felicidade no trabalho;
- Aumenta a satisfação na empresa.

PROPÓSITO

Uma empresa pode ser comparada a um barco a remo no qual os marinheiros têm seus motivos para estar: seja pelo dinheiro, seja para rever familiares na terra firme, seja pelo passeio, seja pelo desafio. Esses são os propósitos pessoais de cada um deles. E a pequena embarcação, por sua vez, atende a um propósito maior, que é chegar ao seu destino.

Se cada pessoa remar em uma direção diferente, o barco não sai do lugar; se todos remarem na direção oposta à indicada pelo líder, o barco vai pelo caminho errado; se apenas um marinheiro remar contra a maioria, o grupo demorará mais do que o esperado para atingir seus propósitos.

O que aprendemos com isso? Que, **para alcançarmos rapidamente a terra firme, o melhor jeito é remarmos juntos na mesma frequência e direção.** Isso exige que a capacidade de cada um seja conciliada e que haja alinhamentos de expectativas com a liderança.

Transpondo essa realidade para dentro dos escritórios, se apenas um colaborador atuar de maneira contrária ao propósito da empresa, os objetivos da organização demorarão mais para ser alcançados.

Entretanto, manter o alinhamento de propósito em um ambiente corporativo é um desafio, pois, mesmo que as pessoas concordem em trabalhar em prol de um mesmo fim, cada um terá um nível diferente de comprometimento e entrega.

Além do mais, **o fator engajamento para cada pessoa é diferente:** enquanto alguns se engajam por meio da imposição de desafios, outros usam bonificações monetárias para se motivar; ainda existem os que procuram por um propósito pessoal dentro das suas funções. Assim como você e a sua equipe, os marinheiros do nosso barco metafórico também têm seus próprios objetivos: 1) chegar à terra firme para rever a família; 2) comercializar produtos; 3) concluir o desafio como mérito pessoal. São valores diferentes que os fazem remar por um mesmo propósito maior.

Outro desafio é a adaptação das pessoas à empresa. Por vezes, ainda que tenham as competências necessárias para o cargo, alguns colaboradores não se adéquam à cultura empresarial e se sentem incapazes de prosperar. Dessa forma, em vez de entregar um trabalho que englobe todo o seu potencial, encontram dificuldades de relacionamento e execução de processos.

É necessário, portanto, entender o propósito de cada um dos seus colaboradores. Isso envolve saber quais são os seus valores e se eles estão alinhados com os valores da empresa, conforme veremos no próximo capítulo.

Mas não se esqueça: é possível que, como relatado na metáfora do barco, os colaboradores tenham valores distintos e mesmo assim trabalhem juntos, desde que não entrem em conflito com o propósito maior da empreitada. No entanto, todos precisam se unir pelo segundo fator do Framework de alto desempenho, que veremos a seguir.

OBJETIVOS E METAS

Metas são o caminho para atingir um objetivo. É como se o capitão de nosso barco dissesse que são necessárias quarenta remadas por minuto.

Se o time de RH, por exemplo, tem como objetivo diminuir o *turnover* da empresa, algumas das metas podem ser:

- Garantir pesquisas de satisfação internas anônimas com os colaboradores (conhecidas como Employee Net Promoter Score, ou eNPS) com uma pontuação de oitenta em um período de três meses;
- Assegurar que todos os gestores se reúnam com cada um de seus liderados (1:1) pelo menos duas vezes ao mês;
- Fazer uma análise estratégica de melhores práticas usadas por empresas do mesmo setor que o seu (*benchmark*) com ao menos três organizações diferentes.

SEU MAIOR ALIADO: FRAMEWORK DE ALTO DESEMPENHO

No capítulo 5, você aprenderá em detalhes como utilizar cada uma dessas ferramentas e formatar metas de acordo com sua realidade. O que queremos focar aqui é o seguinte: todos esses exemplos têm em comum o fato de ser **mensuráveis**, **claros** e **factíveis**.

As três principais características que devem ser buscadas são:

1. **Metas mensuráveis:** se não podemos medi-las, é impossível dizer claramente se foram cumpridas ou não. Isso desvia o foco dos colaboradores e gera desmotivação, uma vez que é quase impossível atingir o sucesso;
2. **Metas claras:** as metas não vêm acompanhadas do gestor o tempo todo. Ou seja, o colaborador precisa conseguir entender o que está sendo proposto, sem nenhum tipo de desvio. Só assim as forças são somadas e estratégias podem ser desenhadas para alcançar objetivos maiores;
3. **Metas factíveis:** serem factíveis é essencial, porque metas inalcançáveis são quase "antimetas", uma vez que exercem a função totalmente contrária ao seu objetivo inicial. Mas atenção: não confunda "factível" com "fácil". As metas precisam, sim, ser desafiadoras. Elas têm de inspirar e deixar um gostinho de desafio no ar, mas devem ser atingíveis. Um bom gestor é aquele que consegue formular metas alcançáveis inspiracionais, mantendo a motivação do time, ao passo que ajuda no alcance dos resultados.

Se essas são dificuldades para sua gestão, garantimos que você não está só. Definir metas é um desafio para todo gestor. Em algumas áreas, como vendas, esse processo é mais tradicional, com modelos bem estabelecidos de sucesso. Para outras, como RH, o estabelecimento de metas que contribuam para a motivação do time pode levantar diversas dúvidas:

- O que é um bom objetivo?
- Como definir as metas?
- Qual é o limite entre motivação e pressão?

A resposta para essas questões começa com o entendimento do que são metas. Em seguida, no capítulo 5, você verá como elas funcionam na prática e quais são os comportamentos desejados pelos gestores atuais.

Mais do que atividades que devem ser cumpridas para gerar ganhos, metas precisam ser os indicadores para chegar a um objetivo comum, unindo o time e trazendo motivação e engajamento.

As pessoas são como vetores nas empresas, ou seja, têm força e direção. Se todas focam suas energias em um mesmo norte, a força é somada, garantindo maior sucesso. Agora, se cada uma trabalhar olhando para um objetivo diferente, a equipe não sai do lugar.

ACOMPANHAMENTO CONTÍNUO

Esse é o terceiro pilar do Framework de alto desempenho, e sem ele nenhum dos outros se sustenta. **Não adianta definir metas e alinhar expectativas se os líderes largam os colaboradores durante a execução das tarefas.** Isso não significa que você deve microgerenciar, pois, como dito anteriormente, essa prática só desmotiva o time, além de tornar você um líder autoritário. Uma liderança liberal, contudo, funciona bem em times com altos graus de senioridade – e mesmo assim há ressalvas.

SEU MAIOR ALIADO: FRAMEWORK DE ALTO DESEMPENHO

No entanto, **não pense que "dar autonomia" é sinônimo de ser desleixado**. Gostamos de brincar que não podemos confundir delegar com "delargar", ou seja, não se pode ser um líder que larga as coisas sem acompanhamento.

Cada vez mais os processos dentro das empresas são feitos de modo fluido. Aquela imagem de organização engessada, cheia de burocracias e sem comunicação interna tem ficado para trás. Nesse cenário, o feedback contínuo se faz necessário para que haja uma cultura de desenvolvimento profissional e pessoal constante, impulsionando a inovação e o crescimento da empresa e dos colaboradores.

A prática de dar feedbacks frequentes sobre as atividades e os comportamentos dos funcionários está mudando de formato. Antes, a ação era vista como um modo de "puxar a orelha" de quem tivesse feito algo que não condizia com a expectativa do gestor. Além disso, tais retornos ocorriam, na maioria das vezes, apenas no fim de cada ano fiscal. Dessa forma, o erro demorava a ser corrigido e poderia acontecer outras vezes entre uma reunião de feedback e outra.

Contamos essa história no passado porque acreditamos que é nele que esse modelo de retornos ficou. Grande parte das instituições já entendeu que **o feedback é uma ferramenta para nortear as ações dos colaboradores e, sendo assim, deve ser dado continuamente, exaltando boas práticas e corrigindo condutas equivocadas**.

De acordo com um estudo global do Top Employers Institute, realizado com seiscentas empresas de 99 países, os profissionais que estão no mercado hoje consideram o feedback regular e os processos transparentes melhores do que as práticas tradicionais de revisões anuais de desempenho.[31]

No Brasil, as 26 empresas entrevistadas, que são responsáveis por empregar mais de 300 mil pessoas, afirmaram que já treinam seus gerentes para dar feedbacks contínuos e construtivos. O dado espelha uma mudança de mentalidade que visa a construção conjunta do desenvolvimento dos negócios.

Colaboradores que estão a par do que estão fazendo certo e também de em que pontos precisam melhorar trabalham de maneira mais engajada, se sentem mais valorizados e têm como horizonte o mesmo objetivo que o da empresa em que atuam.

Para as organizações, o resultado também é positivo. De acordo com a consultoria Gallup,[32] funcionários que partilham do mesmo ideal de seus empregadores e se sentem realizados profissionalmente apresentam um desempenho 147% melhor do que os que não estão engajados.

Mas de que forma tudo isso que mencionamos aqui deve ser feito e aplicado em sua gestão? De quais ferramentas os gestores modernos lançam mão para garantir que os três pilares desse framework sejam sólidos e eficazes? É isso que veremos nos capítulos a seguir.

---

31 TOP Employers Institute. **Performance Management**. Disponível em: https://top-employers-457460.hs-sites.com/report-summary-performance-management. Acesso em: 2 abr. 2023.

32 YAMAOKA, J. Funcionários engajados podem melhorar em 20% a rentabilidade da empresa. **Administradores.com**, 16 out. 2017. Disponível em: https://administradores.com.br/noticias/funcionarios-engajados-podem-melhorar-em-20-a-rentabilidade-da-empresa. Acesso em: 22 fev. 2023.

CADA VEZ MAIS OS PROCESSOS DENTRO DAS EMPRESAS SÃO FEITOS DE MODO FLUIDO. AQUELA IMAGEM DE ORGANIZAÇÃO ENGESSADA, CHEIA DE BUROCRACIAS E SEM COMUNICAÇÃO INTERNA TEM FICADO PARA TRÁS.

Capítulo

4

PROPÓSITO E ENCANTAMENTO: POR QUE FAZEMOS O QUE FAZEMOS

Nos capítulos anteriores, aprendemos que o engajamento dos colaboradores depende de entendermos seus propósitos e alinhá-los com a empresa. Essa, na verdade, é a única maneira de garantir uma equipe realmente produtiva e satisfeita.

Operacionalizar essa compreensão, entretanto, é um desafio. Temos situações bem diferentes dependendo do porte das empresas, conforme descrito a seguir.

1. **Pequenas empresas**

    Em uma empresa pequena, em que os gestores estão próximos dos liderados, é mais fácil compreender os desafios e propósitos pessoais de cada um e trabalhar com esses dados a fim de promover um maior engajamento do time.

    Como ponto negativo, negócios menores costumam ter estruturas menos demarcadas e mais sobrecarga em níveis de gestão. Isso dificulta o acompanhamento realmente próximo do colaborador e a promoção de ações de bem-estar estruturadas e estratégicas.

2. **Médias e grandes empresas**

    Nas médias e grandes empresas, o problema é o contrário. Existe uma capacidade estrutural de realizar ações voltadas para o engajamento dos colaboradores sem que ninguém fique sobrecarregado, mas é difícil conhecer a todos e entender seus propósitos particulares.

O que veremos neste capítulo são dicas para entender os objetivos dos colaboradores e alinhá-los com os da empresa – etapa que separa negócios de sucesso de uma placa de "passo o ponto".

No entanto, antes de seguirmos para as dicas, precisamos conceituar algo muito importante: O que é propósito?
Vamos por partes.

ENTENDA O QUE LEVA CADA INDIVÍDUO A TRABALHAR

Muitos acreditam que a chave para alinhar os colaboradores é lhes dar o mesmo objetivo; no entanto, eles não são máquinas. Antes de serem contratados pela empresa, já tinham motivações e desejos, e não se engane achando que isso foi abandonado em prol do propósito que você estabeleceu.

Para entender seus colaboradores, você precisa compreender melhor o que move os indivíduos da nossa sociedade a trabalhar. Lembre-se de algumas das estatísticas que vimos no panorama do capítulo 1, mencionadas novamente a seguir.

Enquanto alguns trabalham pelo desafio de chegar ao topo da empresa, outros estão desesperados para conseguir pagar a conta de luz antes que a energia seja cortada – fruto de uma realidade social mais profunda. Além disso, esses indivíduos também têm outros desejos, como conquistar o emprego dos sonhos ou comprar uma casa para a mãe idosa.

Você pode até dizer que todos os seus colaboradores são iguais, independentemente do gênero, da raça ou do grau de instrução, desde que estejam dispostos a trabalhar. A realidade, porém, é que eles são, sim, muito diferentes. E seu papel como líder não é suprimir essas diferenças, mas aprender a utilizá-las para que cada um ali atinja seus propósitos, em maior ou menor escala.

No capítulo 8, você aprenderá de modo mais detalhado a importância da diversidade cognitiva, que envolve a história e as circunstâncias sociais de cada colaborador. Neste capítulo, porém, o que mais importa é ter em mente que é necessário conhecer quem está trabalhando com você.

E como isso é possível? Em primeiro lugar, ouvindo-os. Seja aberto para escutá-los. Valorize as respostas sinceras, em vez de incentivar o teatro corporativo.

Mas... como assim, teatro corporativo?, você pode estar se questionando.

Os colaboradores sabem que, se disserem que têm pretensões que vão além da empresa, eles podem ser malvistos. Por exemplo, quando você pergunta: "Por que quer trabalhar nesta empresa?", é provável que não respondam o que no fundo desejam, mas sim o que imaginam que você quer ouvir. Isso não é necessariamente por serem mentirosos, mas porque todos são adeptos de um teatro que se desenrola há décadas em nossa sociedade. Os que não aderem sofrem as consequências da liderança.

Cortella, em seu livro *Por que fazemos o que fazemos?*, diz:

> não posso, em um negócio, prescindir de pessoas que queiram viver algo novo. Mas também não posso aceitar que achem que a vida só funciona com o novo. Menosprezar essa geração, por causa daquilo que nela é um desvio, seria uma tolice imensa. Faz muito mais sentido aproveitar o que ela tem a oferecer e procurar formá-la na direção daquilo que a fará crescer.[33]

---

[33] CORTELLA, M. S. **Por que fazemos o que fazemos?** São Paulo: Planeta, 2016.

Por isso, quando estiver em contato com um colaborador, valorize a sinceridade dele. Conheça o que ele de fato quer e aprenda a utilizar isso em prol dos seus propósitos.

GOLDEN CIRCLE: COMEÇANDO PELO PORQUÊ

Para entendermos o que significa propósito, é importante abordar o conceito de Golden Circle, de Simon Sinek.[34] Trata-se de uma metodologia complexa, mas quando destacamos os princípios por trás dela já é possível extrair uma ideia clara do caminho a seguir.

Na ilustração, observe que o núcleo do círculo é **o porquê**; na camada intermediária, há o **como**; e, na parte externa desse círculo, **o quê**. Como isso funciona na prática?

---

[34] SINEK, S. **Comece pelo porquê**: como grandes líderes inspiram pessoas e equipes a agir. Rio de Janeiro: Sextante, 2018.

O SEGREDO DAS EMPRESAS DE SUCESSO

1. **O porquê.** É a razão para o negócio existir, que aqui chamamos de propósito;
2. **Como.** Trata-se de toda a parte estratégica, tática e operacional da empresa;
3. **O quê.** Refere-se ao produto final, o qual chega às mãos do consumidor (que, claro, pode ser também um serviço).

Muitas empresas sabem o que fazem e como fazem, mas não entendem o porquê. Qual é o resultado disso? Baixa motivação e frágil engajamento. Quando há algum problema no produto ou na estratégia, os colaboradores e os líderes ficam perdidinhos sem saber por onde seguir, pois não há algo que os une além do produto final.

O que Simon Sinek propõe é o inverso: **comece pelo porquê**. Isso faz com que todos os nossos marinheiros metafóricos cheguem à embarcação sabendo qual é o destino dela – estando ali **por causa** daquele destino, não **apesar** dele.

Então, **podemos conceituar propósito desta forma: é a razão para um negócio existir.**

Para aprofundar o assunto, indicamos o vídeo com a explicação do próprio Simon Sinek acerca do propósito, disponibilizado a seguir.

PARA ACESSAR O VÍDEO DE SIMON SINEK É FÁCIL! BASTA APONTAR A CÂMERA DO SEU CELULAR PARA O QR CODE AO LADO E APROVEITAR.

https://www.youtube.com/watch?v=ayaO26BmkPk

68

PROPÓSITO E ENCANTAMENTO: POR QUE FAZEMOS O QUE FAZEMOS

No fim, existem algumas razões principais que levam as pessoas a trabalhar:

1. Segurança e estabilidade;
2. Fatores sociais (líderes e colegas);
3. Expectativas de crescimento e melhora de vida;
4. Desafio;
5. Reconhecimento.

A grana é **o porquê** de alguns. E não podemos ser puritanos em nossa relação com o dinheiro: é possível, sim, ter isso como objetivo e ser relativamente bem-sucedido. No entanto, sempre surgirão conflitos. Por exemplo, se o único meio para obter dinheiro em uma situação for uma prática corrupta, você continuará exercendo tal atividade ou optará pelo prejuízo?

Nesse ponto, percebemos que não basta termos propósito: precisamos de valores.

DEFININDO SEUS VALORES

Do que você não abre mão? O que lhe é fundamental? E o que é mais importante para a empresa que você está conduzindo? Pense em um valor com o qual seria inviável que colaboradores entrassem em conflito.

Não se trata de uma ladainha sobre missão, visão e valores que você precisará repetir apenas porque soa agradável aos ouvidos, nem de frases bonitas para escrever nas paredes coloridas de escritórios com piscina de bolinhas. Os questionamentos do parágrafo anterior têm a intenção de fazê-lo refletir sobre quais são seus valores na vida real.

Por exemplo, se você afirma valorizar a sustentabilidade ambiental, mas um dia esta lhe trouxer prejuízos, continuará sendo sustentável ou abandonará esse ideal para manter o caixa positivo? Se sim, a sustentabilidade ambiental não prevalece sobre seus outros valores.

E note: não estamos dizendo que você é um monstro por isso. No entanto, você não precisa enganar ninguém. Seja fiel ao que acredita e trabalhe com transparência.

SAIBA SELECIONAR COLABORADORES

O primeiro passo deve ser dado ainda na fase de seleção. As lideranças precisam olhar além das capacidades técnicas do profissional e ter a sensibilidade de perceber se ele se encaixa ou não no perfil da equipe. Avalie o seguinte sobre o candidato:

- Tem *fit* cultural?
- Está de acordo com o DNA guia da empresa?
- Seus comportamentos vão ao encontro do que se deseja para tal cargo? Por exemplo, em times que trabalham em conjunto, uma pessoa com o perfil centralizador e individualista não conseguirá se desenvolver.

Tente fazer o trabalho desse futuro colaborador antes de realizar a contratação. Isso tem uma dupla vantagem: além de perceber se a contratação é de fato necessária, você aprenderá o valor de tal trabalho caso seja preciso contratar.

No dia a dia, **as lideranças devem saber o que engaja cada colaborador para que possa cobrar resultados do time da maneira adequada.** Pense, por exemplo, em uma equipe composta de quatro pessoas, em que a primeira gosta de desafios (lembre-se de que "gostar de desafios" também é um propósito, conforme visto na metáfora do barco); a segunda, de propósito; a terceira, de terminar rápido; e a quarta, de bonificações.

PROPÓSITO E ENCANTAMENTO: POR QUE FAZEMOS O QUE FAZEMOS

Para garantir que determinado projeto seja realizado de modo adequado e finalizado no prazo, a liderança deve dar um problema àqueles que gostam de desafios – por mais que ela saiba a solução. Não adianta pedir que algo seja feito; o engajamento de colaboradores com essa característica vem da ajuda deles para superar um obstáculo. Já a quem gosta de um propósito, é preciso mostrar qual o impacto desse projeto hipotético nas ações globais da empresa. Os que almejam terminar rápido, por sua vez, são incentivados por meio de retornos constantes e um projeto organizado. Para o último perfil, a gestão pode prometer uma folga, por exemplo, se o projeto for entregue em tempo hábil e com qualidade.

Conhecer os colaboradores, portanto, é a chave para alinhar propósitos. Todos, então, devem remar em uma mesma direção rumo ao objetivo, ainda que movidos por forças diferentes. Isso é alinhamento.

Quer descobrir na prática a motivação dos seus colaboradores? Pergunte! No QR Code a seguir, você encontra 150 ideias de perguntas para fazer ao seu time a fim de saber o grau de satisfação de seus funcionários.

É FÁCIL ACESSAR O ARTIGO DA FEEDZ COM 150 IDEIAS PARA MONTAR UMA PESQUISA DE SATISFAÇÃO INTERNA NA SUA EMPRESA! BASTA APONTAR A CÂMERA DO SEU CELULAR PARA O QR CODE AO LADO E APROVEITAR.

https://www.feedz.com.br/blog/perguntas-para-pesquisa-de-satisfacao-interna/

QUEM FALA COM TODO MUNDO NÃO FALA COM NINGUÉM

Ações genéricas são importantes para gerar bem-estar na empresa, mas **não há como garantir que o que é positivo para um colaborador também seja para outro.** Por isso, é importante pensar em estratégias particulares que, alinhadas ao perfil de cada um, garantam engajamento. Quer um exemplo? Se foi identificado que certa pessoa está com dificuldade de descentralizar tarefas, entregue algum valor de liderança a ela e incentive a delegação de atividades.

GRUPOS NÃO DETERMINAM O PARTICULAR

Para as grandes organizações, muitas vezes, a saída é dividir seus colaboradores em grandes grupos, distribuídos em categorias como idade, identificação de gênero ou qualquer outra característica que facilite na hora de pensar em ações de engajamento. Para atingir os resultados esperados com eficácia, porém, é necessário entender o que veremos no capítulo 7 sobre dados e métricas.

Aqui, é importante reforçar que nenhum grupo é uniforme, independentemente de como ele é repartido. Se a divisão em grandes times é a solução encontrada pela empresa, realizar reuniões periódicas e rodas de conversa com eles pode ser uma saída para que cada um divida experiências e anseios, sem que se presuma que todos pensam igual. Assim fica mais fácil para a gestão olhar para as necessidades do colaborador e entender seu contexto.

PROPÓSITO VAI ALÉM DA EMPRESA

Também é essencial entender que o propósito não está apenas nas atividades profissionais. Lembre-se: é possível que marinheiros sejam movidos por forças diferentes para remar no mesmo barco em direção à mesma terra firme.

Muitas vezes, o colaborador está ali para juntar dinheiro e fazer uma viagem, por exemplo. Como é possível aproveitar isso na prática?

Entender o propósito particular de cada um pode ser uma forma de criar programas de incentivo que façam sentido ao colaborador, ajudando-o a estreitar laços com a empresa.

Às vezes, o que desmotiva um funcionário é a falta de tempo em estar com os filhos, então pensar em uma rotina mais flexível, com horários diferenciados e possibilidade de home office ou modelo híbrido, pode ser uma saída para manter o engajamento numa situação como essa.

ENGAJAMENTO É CONTAGIOSO

Uma pessoa engajada ajuda a empresa a engajar as demais, segundo apontam estudos comprovando o poder contagioso da animação, da empolgação e do engajamento, conforme veremos no capítulo 9. No entanto, mais do que ser uma fonte de entusiasmo, se um indivíduo tem uma ligação mais forte com o negócio, pode fazer a ponte que falta entre os outros colaboradores e o gestor.

Muitas vezes, os profissionais ficam acanhados em falar com seus gestores, mas à vontade para compartilhar os assuntos mais diversos com seus colegas. Dessa forma, aquele que se sente bem nesses dois ambientes pode fazer o meio de campo e promover maior engajamento na organização como um todo.

Em outras palavras: **sabe aquele hábito de falar do gestor pelas costas? Nesse caso, tal costume será usado para o bem!**

TODOS QUEREM SER OUVIDOS

Todas essas ações exigem que os colaboradores sejam ouvidos com frequência e em particular. Já falamos sobre a importância dos feedbacks, mas vale reforçar que eles são essenciais para medir e entender o propósito de cada profissional que trabalha em seu negócio, conforme veremos em detalhes no capítulo 6.

Se organizadas periodicamente, as conversas são curtas e não devem ocupar muito tempo, apenas o suficiente para o funcionário entender seus desafios e compartilhar seus anseios. O registro disso, inclusive, pode ser uma forma de mapear o crescimento do engajamento ao longo do tempo.

Com as informações na mão, é possível também identificar padrões de comportamento e saber quando alguém está insatisfeito.

Para os dois casos, a solução é estabelecer processos e metodologias que distribuam e compartilhem as responsabilidades de acordo com o propósito de cada um. A metodologia OKR é uma boa forma de fazer isso, por meio da qual todos conseguem definir resultados-chave de acordo com o objetivo que mais faz sentido para si. O método imprime autonomia, cooperação e horizontalidade, ajudando o time todo a trabalhar dentro do seu campo de interesse e compartilhar conquistas e desafios, o que facilita o conhecimento sobre a realidade particular.

Esse processo busca entender o propósito particular para gerar engajamento. E na sua empresa? Você já consegue entender o propósito de cada um? Conheça sobre a metodologia OKR no próximo capítulo.

CONHECER OS COLABORADORES, PORTANTO, É A CHAVE PARA ALINHAR PROPÓSITOS. TODOS, ENTÃO, DEVEM REMAR EM UMA MESMA DIREÇÃO RUMO AO OBJETIVO, AINDA QUE MOVIDOS POR FORÇAS DIFERENTES. ISSO É ALINHAMENTO.

Capítulo

5

DIREÇÃO: UTILIZANDO METAS PARA ALINHAR A EMPRESA INTEIRA

Não adianta um foguete decolar se os profissionais envolvidos no processo não sabem para onde ele vai. Portanto, antes de usar toda a sua empolgação para agir, você precisa ter em mente seu propósito e, assim, definir as metas a serem alcançadas.

Para garantir o alinhamento, precisamos de uma metodologia de organização ágil e não muito custosa. Das diversas opções conhecidas de gestão, acreditamos que a metodologia OKR é a mais eficiente.

Mas o que é OKR? O que são metas? Neste capítulo, trabalhamos com a ideia de objetivos mensuráveis em números. Conforme analisamos no capítulo 3, uma boa meta é mensurável, clara e factível – ou seja, para se concretizar, segue a fórmula o quê + quanto + quando.

A grande vantagem das OKRs é o foco. Segundo Michael Porter, **estratégia é escolher o que *não* fazer. E, aqui, você aprenderá a eliminar o que *não* está de acordo com seu propósito.**[35]

O QUE É OKR?

OKR é a sigla para *Objectives* e *Key Results*, que traduzimos em português como objetivos e resultados-chave. Trata-se de um sistema aplicado por gestores para estruturar metas e mensurar resultados em companhias dos mais diversos setores. **Ou seja, é uma metodologia ágil que gere objetivos e metas**, podendo ser utilizada por qualquer empresa, independentemente de segmento ou tamanho. Por meio dela, organiza-se melhor os objetivos a serem atingidos, formando uma rede em que todos sabem

---

[35] PORTER, M. E. **Estratégia competitiva**. Rio de Janeiro: GEN Atlas, 2005.

o que estão fazendo e por quê. Ou seja, existe um OKR diferente para cada organização.

Essa metodologia foi desenvolvida por Andrew Grove, considerado o "pai do OKR"[36]. Foi ele quem apresentou o sistema para a Intel por meio de um colaborador, na década de 1970, e mais tarde expôs seus ensinamentos em uma obra a respeito de gestão de alta performance. Os estudos sobre a eficácia das metas, porém, são anteriores a isso.

Peter Drucker, denominado o pai da administração moderna, escreveu nos anos 1950 um livro cujo tema é a gestão de objetivos.[37] Sua premissa é de que **os objetivos devem ser construídos em conjunto com as equipes, sendo desafiadores e motivadores, além de acompanhados com frequência** para se alcançar melhores resultados.

Em 1960, o psicólogo organizacional Edwin Locke, em parceria com o professor de eficácia organizacional Gary Latham, criou a teoria do estabelecimento de metas, comprovando na prática que **metas especificadas levam à motivação.**[38]

Duas décadas mais tarde, Andy Grove – um gestor diferenciado que entendeu a evolução da administração das empresas e a velocidade da tecnologia – fez adaptações dos trabalhos anteriores. E assim voltamos ao OKR, que

---

[36] BUIATI, R. OKRs: a história por trás da metodologia mais adotada no Vale do Silício. **How**, 23 set. 2019. Disponível em: https://howedu.com.br/okrs-historia-por-tras-da-metodologia-mais-adotada-no-vale-do-silicio/?. Acesso em: 12 abr. 2023.

[37] DRUCKER, P. F. **The practice of management.** Nova York: Harper Business, 2010.

[38] A TEORIA da definição de metas da motivação. **Atlassian.** Disponível em: https://www.atlassian.com/br/work-management/strategic-planning/setting-goals/theory. Acesso em: 22 fev. 2023.

começou a ser aplicado em grande escala pela Intel e, pouco depois, pelo gigante da tecnologia, o Google.

Nosso objetivo neste capítulo é apresentar práticas que se baseiam em teorias de longa história, mas com aplicações modernas, que você pode adotar para manter seus colaboradores motivados e engajados.

COMO OS OKRS FUNCIONAM NA PRÁTICA?

A comunicação interna é potencializada quando se utiliza o OKR, pois os ruídos diminuem à medida que há transparência e todos entendem os objetivos e o impacto do seu trabalho nas entregas finais. Conforme a metodologia OKR (lembrando que se trata de uma sigla em inglês para **O**bjectives e **K**ey **R**esults):

- Os objetivos devem ser qualitativos e inspiradores;
- Os resultados-chave têm de ser quantitativos e mensuráveis – são o que chamamos de metas.

Os OKRs passaram por longos processos teóricos e práticos desde sua criação, de modo que essa é mais do que apenas uma metodologia de gestão de metas. Gostamos da descrição do Ben Lamorte sobre esse sistema. Em suas palavras: "um framework de pensamento crítico que procura garantir que o time trabalhe em conjunto focando os esforços em fazer contribuições mensuráveis que levam a empresa para a frente".[39]

Preste atenção nas palavras **foco** e **mensurável**.

---

[39] LAMORTE, B. Objectives and key results (OKRs). **OKRS**. Disponível em: https://okrs.com/resources/okrs-white-paper/. Acesso em: 12 abr. 2023.

DIREÇÃO: UTILIZANDO METAS PARA ALINHAR A EMPRESA INTEIRA

Todos nós queremos "dominar o mundo" ou "ser a maior empresa do segmento", mas, infelizmente, não temos recursos infinitos. Por isso, apontar o caminho para onde a organização deve seguir é algo de extrema importância. Depois, conseguir medir se estamos indo para onde nos comprometemos a caminhar ajuda a tomar as melhores decisões acerca de novos processos, produtos e estratégias.

Toda organização busca manter-se sustentável no mercado; para isso, precisa gerar lucros maiores do que suas despesas. O OKR é uma metodologia capaz de alavancar os resultados da empresa e motivar ainda mais a equipe, tornando a cultura organizacional cada vez mais sólida.

É como uma reação em cadeia, em que tudo está conectado: **os objetivos incentivam as equipes a ir cada vez mais longe; para tanto, elas trocam ideias e criam soluções novas para entregar os resultados; a consequência é mais conexão e engajamento entre os colaboradores, que se sentem mais motivados e enxergam valor no próprio trabalho.**

A motivação, por sua vez, faz com que a cultura da empresa se fortaleça e esta seja vista como um bom lugar para trabalhar, atraindo os melhores talentos e retendo os que já estão nela. Isso reduz o *turnover* e as despesas com demissão e contratação.

No final das contas, a empresa ganha, pois tem resultados melhores; os colaboradores ganham, porque se sentem realizados e alinhados com o propósito da organização; e, claro, o RH e as lideranças ganham, já que conseguem provar o valor do seu trabalho e esforço por meio de números e resultados.

COMO OS OBJETIVOS E OS RESULTADOS--CHAVE DEVEM SER?

Para a metodologia ser eficaz, os objetivos precisam ser **inspiradores** e corresponder aonde queremos ir. Já os resultados-chave (metas) devem ser **obrigatoriamente quantitativos**, além de responder se estamos alcançando nosso propósito, ou seja, dizer se conseguimos chegar aonde pretendemos.

Utilizando OKR, a recomendação é realizar uma reunião de check-in semanal ou quinzenal, dependendo do tamanho das equipes e operações. Se o acompanhamento demorar mais do que isso, não é possível ter a velocidade de análise e manobra necessárias nos dias de hoje.

Viu só como o OKR pode ser a base para a transformação da sua empresa? Seja você um gestor de equipe, seja um profissional de RH, os OKRs vão mudar o modo como as coisas funcionam no dia a dia da sua equipe e da empresa.

Com o objetivo de aprender melhor a prática dessa ferramenta de gestão, disponibilizamos a seguir um modelo de acompanhamento para que você consiga aferir resultados e analisar dados. A partir daqui, veremos um pouco mais sobre o que significa cada um dos fatores envolvidos na metodologia, utilizando exemplos.

PARA ACESSAR O MODELO DE ACOMPANHENTO BASTA APONTAR A CÂMERA DO SEU CELULAR PARA O QR CODE AO LADO.

https://materiais.feedz.com.br/modelo-de-planilha-okr

Objetivos e exemplos

Nessa metodologia, **o objetivo é a intenção**, ou seja, deve expressar o sonho da empresa ou das equipes. Este é o momento de sonhar, idealizando aonde você quer chegar.

Lembre-se: os objetivos ajudam a responder para onde queremos ir. Eles devem ser **qualitativos** e **inspirar** as suas equipes a andar na mesma direção para alcançar resultados cada vez melhores. O sucesso ao se atingir um objetivo deve gerar um **valor claro** para a organização.

Chegou a hora de definir os OKRs! Para escrever um bom objetivo, podemos seguir a estrutura: verbo + o que queremos fazer + motivo/impacto no negócio.

Exemplos de objetivos:

- Aumentar as vendas no Sul do país, dominando a região;
- Ter a melhor plataforma de gestão de pessoas do Brasil, chamando a atenção de novos investidores;
- Ser uma empresa incrível para se trabalhar, referenciada por colaboradores e pelo mercado.

Resultados-chave e exemplos

Nos OKRs, os resultados-chave são números e métricas que demonstram **de que maneira** se está atingindo o objetivo inspirador. Ao contrário dos objetivos, eles devem ser quantitativos e mensuráveis. Ou seja, agora que você já sonhou, está na hora de colocar os pés no chão.

Enquanto o sonho nos ajuda a entender "para onde queremos ir", **os resultados-chave são números que ajudam a responder: "Como sei que estou chegando lá?".**

Expressando um marco que seja fácil de medir, os resultados-chave precisam descrever resultados, e não esforço ou tarefas.

Para escrever um bom resultado-chave, podemos seguir a estrutura: verbo + o que será medido + meta.

Exemplos de resultados-chave:

- Aumentar o número de visitantes do blog de 1 mil para 2 mil;
- Vender para 150 novos clientes que sejam pequenas e médias empresas (PME);
- Ter um Net Promoter Score (NPS) acima de setenta.

Quais são os melhores tipos de resultados-chave?

Um equilíbrio bacana que devemos considerar na criação dos resultados-chave para os nossos objetivos é entre indicadores de *lagging* e *leading*.

Lagging indicators são indicadores "atrasados", que representam um resultado baseado em um esforço ou conjunto de resultados que já aconteceram.

O NPS, por exemplo, é um *lagging indicator*. Ao medir esse indicador, ele representa algo que já aconteceu no passado. Se você tomar qualquer ação hoje para tentar melhorar o NPS, este não surtirá efeito imediato ou rápido.

Em contrapartida, temos alguns conjuntos de indicadores mais simples de medir e que, em tese, garantem um bom resultado no futuro. Por exemplo, garantir que 100% dos nossos clientes tenham uma reunião trimestral com a equipe de Sucesso do Cliente. Esse é um resultado-chave do tipo *leading indicator*, que são indicadores de desempenho que preveem tendências. Sendo assim, apesar do *leading indicator* não garantir que a empresa forneça um serviço de excelência aos clientes, eles se correlacionam, pois o resultado influi na experiência do cliente que, por sua vez, influi nos indicadores futuros de sucesso da empresa.

Nesse caso, os resultados-chave de um OKR para o time de Sucesso do Cliente poderiam ser "ter um NPS igual ou acima de setenta" e "realizar reunião trimestral com 100% dos clientes atuais", garantindo uma integração saudável de indicadores.

Exemplos de OKR

A fim de entender melhor como OKRs funcionam na prática, veja alguns exemplos dessa metodologia para as seguintes áreas.

Marketing

Objetivo: Gerar os *leads* mais incríveis do mundo.

- **Resultado-chave 1:** aumentar o tráfego do site para 25 mil acessos;
- **Resultado-chave 2:** capturar mil prospectos para a base por meio de *landing pages* e blog;
- **Resultado-chave 3:** gerar quinhentos leads qualificados de marketing por intermédio do site.

Time de Produto

Objetivo: Ter um produto pelo qual os usuários sejam aficionados.

- **Resultado-chave 1:** lançar a funcionalidade X até o dia tal;
- **Resultado-chave 2:** melhorar o desempenho da página Y em 20%;

- **Resultado-chave 3:** aumentar a utilização mensal de 45% para 70%.

Time de Customer Success

Objetivo: Fazer os clientes nos amarem.

- **Resultado-chave 1:** realizar reunião trimestral com 100% dos clientes;
- **Resultado-chave 2:** reduzir o tempo de ativação de trinta dias para uma quinzena;
- **Resultado-chave 3:** alcançar um NPS acima de setenta.

ACESSE O VÍDEO DO QR CODE PARA ENTENDER MELHOR O QUE SÃO OS OKRS.

https://www.youtube.com/watch?v=SRtrJUp2PNM

A PERGUNTA MAIS TEMIDA: "E DAÍ?"

Faça o seguinte teste em sua empresa. Sempre que uma meta for estabelecida, queremos que você se pergunte: "E daí?". Ou seja: "Que diferença isso faz para a equipe? E para a empresa? Por qual motivo estamos nos esforçando para isso?".

Ter uma boa razão para cada meta estabelecida o tornará um líder com propósito. Caso alguém do time pergunte "E daí?", você saberá exatamente o que responder.

CERIMÔNIAS DE OKR

Um dos fatores primordiais para que essa metodologia seja implementada de modo efetivo na empresa é a realização de cerimônias, as quais devem estar inseridas no planejamento estratégico do ano e nos calendários dos diretores e lideranças.

As principais cerimônias são:

- Reuniões de início de trimestre;
- Encontros de acompanhamento semanal (check-in);
- Encerramento do trimestre.

O ciclo das cerimônias de OKR

1. *Nas reuniões de início de trimestre, cria-se alinhamento na organização e definem-se metas* É o momento de estabelecer as estratégias anuais do negócio, bem como os objetivos que a empresa quer atingir. Tendo isso decidido, passamos para o desdobramento desses objetivos a outras áreas da organização, as quais, por sua vez, precisam criar as próprias metas de acordo com os OKRs já apresentados. Dessa forma, os objetivos vão se desdobrando de modo transparente até a última equipe;

2. *Nas reuniões de check-in, os OKRs são debatidos* Uma das cerimônias mais importantes do processo é o check-in, em que os líderes apresentam o status das suas metas e debatem ajustes e melhorias que podem ajudar o time a atingir os seus resultados até a próxima reunião;

3. *Nas reuniões de fechamento de trimestre, as lições aprendidas são discutidas*
Deve-se mapear aquilo que deu certo, mas também o que não foi bem-sucedido, apresentando-os à organização para que a empresa possa aprender e melhorar os seus processos para o próximo trimestre.

Mas... como essas reuniões devem ser feitas?

Para a metodologia, o importante é causar impacto no negócio entregando ótimos resultados, independentemente da quantidade ou do tipo de esforço. As reuniões de início e fechamento de trimestre devem ser integradas ao planejamento do calendário anual da empresa. Já a reunião de check-in precisa ser consistente e ter uma periodicidade bem definida. Combine com sua equipe se ela será semanal ou quinzenal e se atenha às datas definidas.

É importante não cancelar ou remarcar as reuniões de check-in! Muito menos se esquecer de realizá-las, afinal esse será o momento para:

- Falar sobre os resultados atingidos;
- Debater os objetivos gerais e ações das equipes;
- Definir o que esperam alcançar até a próxima reunião de check-in.

Nessas reuniões podem surgir *insights* para potencializar ainda mais as ações e facilitar a rotina dos times.

Se sua empresa é grande, o ideal é que cada gestor se reúna com a sua equipe e, depois, leve o resultado para uma reunião de lideranças, em um debate mais tático sobre os resultados alcançados.

DIREÇÃO: UTILIZANDO METAS PARA ALINHAR A EMPRESA INTEIRA

Atividades, tarefas e iniciativas

Para que a equipe atinja efetivamente os resultados-chave esperados, é importante determinar ações práticas e efetivas. Em cada reunião de check-in, deve-se definir duas ou três tarefas básicas que são importantes de ser entregues até a próxima reunião.

Por exemplo, se o seu time pretende bater uma meta de vendas, fazer uma reunião com os principais clientes do *pipeline* pode ser a atividade priorizada naquela semana, além da realização de um acompanhamento com os clientes que estão em um estágio mais avançado de análise da proposta comercial.

OS PRINCIPAIS ERROS DE QUEM FORMULA E ESTABELECE METAS

Como nem tudo são flores, essa metodologia também tem peculiaridades às quais devemos prestar atenção. Alguns erros comuns podem comprometer a entrega de resultados e colocar a estratégia da empresa em xeque. Confira os principais erros quando o assunto é OKR.

1. *Atrelar os OKRs ao bônus*
   Ao vincular os objetivos e resultados-chave diretamente aos bônus ou remuneração variável, você trava o processo, fazendo com que os colaboradores, em vez de visar a objetivos e metas audaciosas, pensem em algo que eles sabem que vão atingir. Ou seja, as entregas se tornam baixas, roubando o lugar de algo que possa ser disruptivo.

2. *Resultados-chave como atividade*
   Por natureza, a primeira coisa em que pensamos quando temos uma meta é: *O que vamos fazer para*

atingi-la? No entanto, os resultados-chave precisam ser resultados, e não atividades ou projetos relacionados ao esforço.

3. *Objetivos top-down*
   Em algumas empresas, os OKRs viram imposições que a liderança faz aos colaboradores, mas essa não é a ideia. A proposta da metodologia é que algumas definições venham da liderança, porém também que as equipes consigam criar os próprios OKRs com base nos objetivos das áreas e/ou da empresa.

4. *Resultados-chave com indicadores de saúde*
   Os resultados-chave não devem conter indicadores de saúde do seu negócio. Sabe aquele indicador que está bom há meses? Ele não pode estar no OKR. Aqui precisamos ter apenas indicadores que queremos melhorar para alavancar o negócio.

5. *Não realizar reuniões de check-in*
   Um dos erros mais comuns e perigosos na utilização do framework é não realizar as reuniões de check-in. A reunião permite um alinhamento e acompanhamento contínuo, garantindo sucesso na entrega dos resultados, conforme veremos no próximo capítulo.

CHECKLIST FEEDZ: VEJA SE SEU OKR ESTÁ TOP!

- Escrever, refletir em equipe e debater com os líderes e liderados os objetivos da empresa;
- Garantir que no texto do objetivo ou resultado-chave não apareçam as palavras "manter", "continuar";
- Os resultados-chave estão claros e não são ambíguos;

- Todos os resultados-chave são mensuráveis e avaliados com rapidez;
- Os objetivos são inspiradores.

Temos certeza de que a metodologia OKR será capaz de transformar sua organização, porque foi isso que ela fez na Feedz. Nós a utilizamos desde o primeiro ano de operação da nossa empresa, fundada em maio de 2018, e em nossa curta jornada conquistamos resultados surpreendentes que nos enchem de orgulho, como o selo Good Place to Work.

Sabemos que a teoria é diferente da prática, mas, se você seguir nossas dicas e contar com plataformas que o ajudem a organizar as métricas e fazer os check-ins, essa metodologia vai mudar completamente o modo como você e sua equipe enxergam os resultados. Além disso, com o OKR o ambiente torna-se colaborativo, pois as pessoas trabalham em sintonia para alcançar os objetivos que têm em comum.

Capítulo

6

ACOMPANHAMENTO CONTÍNUO: COMO MANTER A EQUIPE ALINHADA E ENGAJADA

O terceiro e último pilar do **Framework de alto desempenho** é o acompanhamento contínuo. Neste capítulo, **veremos a importância do feedback e como manter os colaboradores engajados pelas metas**. Aqui, é essencial reforçarmos: todas as etapas de um negócio envolvem comunicação, mas não basta apenas falar – é necessário entender os princípios por trás da comunicação corporativa e por quais métodos ela deve ocorrer.

Para que um negócio funcione efetivamente, os funcionários devem vestir a camisa da empresa. Apesar de parecer um discurso batido, esvaziado pelo senso comum, o engajamento é um dos principais pilares do sucesso; afinal, as empresas são pessoas.

Os estudos do Great Place To Work® trazem dados bem reveladores sobre isso. No ranking de 2019 feito pela organização, o grupo de colaboradores que recebeu apenas um feedback ao longo do ano apresentou um índice de confiança de 79. Parece satisfatório, mas então olhamos para aqueles que receberam quatro ou mais feedbacks e eis o resultado: o índice foi de 91.[40] Ou seja, o esforço por parte da gestão não é grande, porém, os resultados, sim.

Com essas informações em mãos, é natural que qualquer um pense: Ótimo! Então *agora basta dar feedbacks*.

Parece uma conclusão simples e feita por todos, mas as estatísticas indicam que não é o que ocorre na maioria das empresas. De acordo com um levantamento feito anualmente pelo Instituto Gallup, **apenas 15% dos funcionários**

---

[40] ARINS, B. 6 dados sobre os impactos da boa gestão de clima organizacional. **Great Place To Work**, 22 ago. 2019. Disponível em: https://gptw.com.br/conteudo/artigos/dados-sobre-impactos-gestao-de-clima/. Acesso em: 22 jan. 2023.

em todo o mundo se sentem engajados em seu trabalho. Ou seja, há 85% de potencial sendo desperdiçado.[41]

No fim, o engajamento dos funcionários está ligado à sua produtividade, a qual, como consequência, resulta em boa receita. Qualquer estratégia dentro de um negócio só vai funcionar se as equipes se empenharem de verdade.

Muitos empreendedores não entendem a importância do engajamento. Alguns até mesmo acham que basta aumentar salário e benefícios para garantir a satisfação dos colaboradores. A verdade, porém, é que a nova geração de profissionais precisa de muito mais do que isso para se engajar de verdade.

Kim Scott, no livro *Radical Candor*,[42] mostra que para uma liderança engajar os liderados é necessário que se importe com os outros e saiba desafiá-los. Algo que, para alguns, parece inconciliável mas todos os bons e boas líderes sabem que é possível – e recomendado.

O QUE É O ENGAJAMENTO DE COLABORADORES?

Como já dito anteriormente: engajamento é **envolvimento, empenho e comprometimento com aquilo que se está realizando**. Em suma, é a participação ativa em alguma coisa. É claro que isso vai variar de acordo com o negócio. Uma empresa, portanto, precisa definir o que é engajamento *para ela* – se são todas essas características ou apenas algumas delas, somando outras. Para chegar a

---

[41] *Idem.*

[42] SCOTT, K. **Radical Candor**: be a kick-ass boss without losing your humanity. Nova York: St. Martin's Press, 2019.

essa conclusão, pode ser interessante se reunir com outras lideranças e discutir o tema, pois engajamento vai muito além de cumprir metas. Além disso, ele precisa estar adequado às peculiaridades da sua organização, construindo o conceito de acordo com as condições e a realidade do negócio.

Em contraste aos colaboradores engajados, um baixo nível de engajamento reduz a qualidade do trabalho e prejudica o clima organizacional. Funcionários engajados trazem um bom faturamento como produto final e fazem do ambiente de trabalho um lugar muito mais agradável para todos.

COMO É UM COLABORADOR ENGAJADO?

Em resumo, as características básicas de um colaborador engajado são as seguintes:

- Comprometimento com a produção de trabalho de qualidade e com a constante contribuição para o negócio;
- Baixos níveis de estresse, o que influencia sua saúde e seu bem-estar na empresa;
- Busca ativa pela solução de problemas;
- Segurança.

Além disso, quem está engajado se sente:

- Alinhado aos valores e objetivos da empresa;
- Confiante em relação à empresa e às lideranças;
- Conectado de maneira positiva com seus colegas de trabalho;
- Importante e valorizado em seu cargo;
- Realizado com as suas funções.

ACOMPANHAMENTO CONTÍNUO: COMO MANTER A EQUIPE ALINHADA E ENGAJADA

COMO MEDIR O ENGAJAMENTO DOS COLABORADORES DE UMA EMPRESA?

Uma vez que você sabe o grau de envolvimento da sua equipe com a empresa, compreende quais pontos melhorar e o que está dando certo, fica mais fácil saber e o que fazer para alcançar um nível maior de satisfação no ambiente de trabalho.

Medir o engajamento dos colaboradores vai muito além de seguir um *feeling*. Para entender o que se passa dentro de uma empresa, é extremamente necessário fazer a medição do engajamento. Como? Com o auxílio de diversas ferramentas e metodologias, quatro das quais apresentaremos a seguir.

Faça pesquisas de clima

As pesquisas são essenciais para entender o nível de engajamento dos funcionários da empresa. O objetivo é saber o grau de compreensão da cultura organizacional em que estão inseridos e a sua satisfação com a companhia.

É bom salientar que essas análises devem contar com respostas anônimas. **O anonimato evita que os colaboradores sintam qualquer tipo de receio em dar a sua opinião de maneira sincera.** Dito isso, a pesquisa pode contar com questionamentos como:

- Para você, o que há de mais positivo na empresa?
- Como enxerga a cultura e os valores da companhia?
- O que mudaria na organização em prol de um ambiente melhor?
- Você se sente satisfeito com os seus líderes?
- Qual a sua relevância no crescimento da empresa?

- Acha que seu conhecimento técnico tem sido bem direcionado no trabalho?
- Como a companhia enxerga o seu papel dentro dela?

Além disso, é possível fazer uso do eNPS, conceito pincelado por nós rapidamente em um exemplo do capítulo 3. Por meio do Employee Net Promoter Score, escala que mede a satisfação do profissional em relação à organização, você pode perguntar: "De 0 a 10, qual a possibilidade de você indicar para um amigo trabalhar nesta empresa?".

Nas próximas páginas, ao estudarmos sobre pertencimento, abordaremos o eNPS com maior profundidade.

Utilize indicadores de produtividade

A produtividade de um funcionário é o reflexo do nível de comprometimento dele.

Usando planilhas on-line ou softwares profissionais específicos, é possível criar um sistema no qual o colaborador controla seus prazos, além de mostrar o quanto se dedica a cada tarefa. Os resultados podem comparar a produtividade entre colaboradores e entender por que alguns processos estão dando errado.

Apesar disso, é importante ressaltar que, **para utilizar um indicador de produtividade, é necessário conhecer a rotina de cada função, fazer a análise junto ao gestor de cada área** e entender muito bem o software que será usado para evitar análises erradas.

Analise os índices da empresa

Uma das formas de medir o engajamento dos funcionários é usar os dados da sua empresa. Analise, por exemplo, a quantidade de faltas, ausências justificadas e atrasos.

ACOMPANHAMENTO CONTÍNUO: COMO MANTER A EQUIPE ALINHADA E ENGAJADA

Quanto pior esses números estiverem, mais os seus colaboradores estão desmotivados.

Outro ponto crucial a ser analisado é a rotatividade na organização, pois isso mostra que as pessoas não conseguem trabalhar no seu negócio por muito tempo. Lembre-se de que essa verificação precisa ser constante; por isso, compare mensalmente os dados para monitorar a mudança dos níveis de engajamento.

Tenha sempre uma comunicação direta

Você se lembra do que falamos no capítulo 4 sobre o "teatro corporativo"?

Para medir o engajamento dos funcionários, é muito importante ter um canal de comunicação aberto com todos os colaboradores. Isso porque eles precisam se sentir à vontade para falar como se sentem a respeito de suas funções, líderes, colegas e afins.

Ouvir o que os empregados têm a dizer sobre a empresa, assim como conhecer o que estão dizendo da organização para terceiros, pode ser a chave para uma melhora significativa na produtividade. Lembre-se de que, na maioria das vezes, a comunicação é a chave de tudo.

Segundo levantamento da Feedz em parceria com Swile e Vittude,[43] dos colaboradores que afirmaram ter conversas frequentes com a sua liderança, 92% entendem o que é esperado deles no trabalho. Das pessoas que responderam

---

[43] PESQUISA Panorama de Engajamento Brasil. **Feedz**. Disponível em: https://materiais.feedz.com.br/pesquisa-panorama-de-engajamento-brasil-2021. Acesso em: 22 fev. 2023.

não ter conversas frequentes com seus líderes, apenas 68% compreendem o que é esperado delas no trabalho.

Como trabalhar sem sequer ter o conhecimento do que se deve fazer?

É por isso que resolver problemas de comunicação interna é fundamental. Quando os funcionários vão até seus líderes expressar qualquer opinião, estão mostrando que confiam na companhia e zelam pela relação com ela. Mostre-lhes que podem se comunicar abertamente e mantenha um calendário para ter conversas individuais periódicas.

A má comunicação dentro de um empreendimento afeta a produtividade de uma equipe. Ou seja, **uma empresa que não mede o engajamento dos funcionários tem que estar disposta a pagar o preço por isso**.

Em resumo, use o feedback dos funcionários para ajudar a aumentar a produtividade dos colaboradores. Além disso, a internet e as redes sociais estão à disposição para descobrir o que eles estão dizendo por aí sobre a empresa e a equipe. Utilize outros canais oficiais, como as avaliações periódicas, a fim de se manter informado a respeito do engajamento do seu negócio e, para ter uma visão ainda mais abrangente, não tenha medo de misturar as duas técnicas de análise.

E é em um ponto específico já mencionado – os feedbacks – que precisamos ter máxima atenção.

UM BREVE PASSEIO PELO LABORATÓRIO DE UM CIENTISTA DOS ANOS 1950

Antes de voltarmos para o escritório, faremos um breve passeio pela Psicologia. Nos anos 1950, o psicólogo B. F. Skinner teorizou (e praticou) o chamado condicionamento operante,[44] que nos ajudará a entender a importância dos feedbacks.

O leitor já viu a imagem de um cientista com um camundongo em uma gaiola? Skinner era o cientista, originador da Caixa de Skinner, que, apesar de utilizar um roedor, revelou muito acerca do comportamento humano.

Afinal, o que é condicionamento operante? O camundongo de Skinner foi colocado em uma gaiola em que havia um botão, o qual, quando fosse apertado, ativava um mecanismo que entregava comida ao animal. No entanto, você sabe que camundongos não nascem sabendo apertar botões. Foi apenas com o tempo, quase por acaso, que o animalzinho esbarrou no botão e fez uma descoberta: sempre que quisesse comida, bastava apertá-lo.

Note: o cientista não precisou dar uma bronca no roedor quando ele não acionava o mecanismo, nem gritar para que ele apertasse o botão. Isso não funcionaria. A comida, porém, foi um excelente meio para induzir um comportamento que não é natural aos roedores: apertar botões.

A recompensa da comida se chama **reforço positivo**. Dar choques no roedor, em contrapartida, seria um **reforço negativo**.

Hoje, temos um ponto de vista bem diferente quanto a esse tipo de experiência com animais, mas os resultados desses experimentos e estudos nos mostram princípios bem nítidos em nossa vida.

---

[44] CONDICIONAMENTO operante para Skinner: guia completo. **Psicanálise Clínica**, 18 jun. 2020. Disponível em: https://www.psicanaliseclinica.com/condicionamento-operante/. Acesso em: 22 de fev. 2023.

Por exemplo, você pode prometer a si mesmo que só vai assistir a séries da Netflix quando terminar de ler este livro. Há, aí, uma relação de **comportamento** e **recompensa**.

Quando uma pessoa lhe faz um favor e você demonstra gratidão, está abrindo portas para que ela lhe faça mais favores. Por quê? Você ofereceu um **reforço positivo ao comportamento** que ela teve.

Algo que muitos líderes à moda antiga não entendem é que o reforço positivo pode ser muito mais eficaz que o reforço negativo. **O medo de levar bronca pelos comportamentos ruins dificilmente é maior que o desejo de receber elogios pelos bons comportamentos.**

Quando temos isso em mente, estamos prontos para entender a importância do feedback.

O QUE É FEEDBACK E POR QUE ELE É IMPORTANTE?

O termo "feedback" é originário do inglês e significa dar um retorno a respeito de algo ou alguma situação. Aqui no Brasil, esse termo é bastante conhecido dentro do mundo corporativo, pois representa **a prática de expressar uma avaliação ou um ponto de vista sobre o desempenho profissional de alguém**.

Os feedbacks costumavam ser esporádicos, dados ao final de um semestre ou de um ciclo de trabalho. No entanto, as coisas mudaram, principalmente porque tal prática visa ser uma ferramenta útil para o desenvolvimento de quem a recebe e, como consequência, o progresso da companhia em que essa pessoa trabalha – e isso exige constância.

ACOMPANHAMENTO CONTÍNUO: COMO MANTER A EQUIPE ALINHADA E ENGAJADA

É por isso que hoje em dia as empresas já entenderam que **o feedback deve ser contínuo.** Apenas dessa forma é possível usá-lo para nortear as ações dos colaboradores.

O feedback é a melhor maneira de alinhar expectativas entre líderes e liderados. Além disso, é com ele que:

- Aproximamos a equipe;
- Melhoramos o engajamento dentro de uma empresa;
- Prevenimos crises;
- Diminuímos taxas de *turnover*.

No entanto, para que tal prática funcione da maneira esperada, a sinceridade deve permear toda a conversa a fim de afastar o temido ruído na comunicação. **Se na sua empresa uma conversa de feedback é chamada pelos colaboradores de "bronca", temos um enorme sinal vermelho para sua gestão.**

Outra questão que confere importância à prática é que o bom aproveitamento do feedback está diretamente ligado à disposição das pessoas em ouvi-lo. Isso é válido tanto para um analista quanto para um CEO.

Aliás, por falar em hierarquia, essa técnica deve ser utilizada em 360°. Isso significa que, assim como o gestor avalia seus colaboradores, o inverso também deve ser feito.

Resumindo: o feedback deve funcionar como pontes entre pessoas e hierarquias, e não como muros dentro de uma organização. Como disse Bill Gates: "todos precisamos de quem nos dê feedbacks, é assim que nos desenvolvemos".[45]

---

[45] KASPERKEVIC, J. Bill Gates: good feedback is the key to improvement **Inc.**, 17 maio 2013. Disponível em: https://www.inc.com/jana-kasperkevic/bill-gates-proper-feedback-is-key-to-improvement.html. Acesso em: 22 jan. 2023.

Sabemos que, no dia a dia, pode ser meio doloroso tanto dar quanto receber uma avaliação. De maneira geral, recebemos pouco treinamento sobre o assunto. No entanto, a maioria das pessoas concorda que receber feedbacks é uma maneira importante de saber suas áreas de melhor desempenho e como podem melhorar aquelas em que estão deixando a desejar.

FEEDBACK POSITIVO × FEEDBACK DE DESENVOLVIMENTO

O **feedback positivo** serve para realçar algum comportamento ou atitude de alguém que você considerou correto. Isso é importante não apenas para mostrar reconhecimento como também para que seja identificado algum padrão a ser repetido na próxima vez. Você se lembra da importância e da efetividade do reforço positivo?

Um exemplo comum de feedback positivo é quando alguém ouve algum consultor de vendas ao telefone e, então, observa depois que a pessoa desliga: "Mariana, a sua ligação para o *lead* XPTO foi muito boa, parabéns!". Apesar de Mariana receber reconhecimento, não ficou claro para ela quais foram os pontos positivos em sua abordagem. Dessa forma, ela não consegue identificar um padrão a ser mantido ou melhorado no seu próximo telefonema.

Por isso, todo feedback positivo deve conter o quando, o quê e o porquê de algo ser bom. No caso anterior, o ideal seria o seguinte: "Mariana, a sua ligação para o *lead* XPTO foi muito boa! Seu tom de voz estava excelente, passando segurança sem ser arrogante. Parabéns!". Dessa forma, é possível que Mariana entenda que o tom de

ACOMPANHAMENTO CONTÍNUO: COMO MANTER A EQUIPE ALINHADA E ENGAJADA

voz dela está bom, devendo tentar manter esse padrão, ao eliminar os aspectos que estão dando certo, há mais oportunidades de ela prestar atenção a pontos nessa tarefa que podem ser melhorados, o que nos leva ao feedback de desenvolvimento.

O **feedback de desenvolvimento** é um pouco mais complexo e normalmente exige alguma preparação para realizá-lo.

O modelo que gostamos de utilizar é o que a autora Kim Scott descreve no livro *Radical Candor*, já mencionado. Como vimos, ela afirma ser necessário que um líder se importe e saiba desafiar, criando o eixo que vemos no link a seguir.

APONTE A CÂMERA DO
SEU CELULAR PARA
O QR CODE AO LADO.

https://shahmm.medium.com/creating-a-culture-of-transparency-in-the-workplace-leadership-lessons-923b880d32f1

Com isso em mente, há quatro regiões – ou quatro estilos – de feedback definidas pela página:

- **Empatia nociva.** Acontece quando as pessoas não dão um feedback a outras porque são amigas e têm medo de se "queimar". Ou seja, por falta de uma compreensão mútua, é negado o direito ao aprendizado;

- **Insinceridade.** A pessoa não dá o feedback porque não está nem aí para a outra;
- **Agressividade ofensiva.** O indivíduo dá o feedback, mas de maneira agressiva. A agressividade inclui gritar e/ou realizar a abordagem na frente de várias pessoas. Ninguém gosta de ser corrigido em público, concorda?
- **Sinceridade radical.** Diz o que precisa ser dito, mas com empatia, mostrando a gravidade e apoiando na solução.

Um exemplo simples dos quatro estilos de feedback de Kim Scott acontece quando, na volta de um almoço, você nota o colega com uma casca de feijão no dente. Nesse caso, se o feedback seguisse os estilos 1 (empatia nociva) e 2 (insinceridade), ele nem existiria: no primeiro tipo, porque você ficaria com receio de "magoar" o colega; no segundo, porque você não liga para a situação o suficiente para se manifestar e agir.

Ao seguir o estilo 3, o feedback de agressividade ofensiva, você apontaria para o colega no meio do escritório e falaria algo como: "Olha isso, Fulano! Tem uma casca de feijão no seu dente! Por acaso você sabe o que é uma escova de dente?".

Em contrapartida, ao aplicar o feedback estilo 4, você cuidaria para ser empático, mostraria a gravidade da situação e ajudaria na solução. Provavelmente, chamaria o colega para uma área isolada do escritório e falaria algo como: "Fulano, percebi que você está com uma casca de feijão no dente. Aconteceu isso comigo semana passada, hehe. Tem um banheiro ali na outra porta, dá uma passada lá".

ACOMPANHAMENTO CONTÍNUO: COMO MANTER A EQUIPE ALINHADA E ENGAJADA

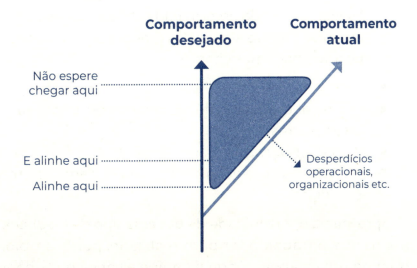

Com esse exemplo, fica claro qual estilo de feedback obtém sucesso, certo? Para uma situação ganha-ganha ao avaliarmos alguém, devemos ser empáticos, esperar o momento certo (ou seja, não nos adiantarmos e não esperarmos demais), indicar onde está o possível erro ou ponto de evolução, mostrar a gravidade daquilo e ajudar a pessoa a se desenvolver naquele quesito.

Uma coisa importante em relação aos feedbacks contínuos é garantir, de fato, que eles sejam constantes. Enviar um feedback duas vezes por ano não resolve os problemas.

QUAIS SÃO OS TIPOS DE FEEDBACK?

Alguns especialistas no mercado defendem a existência de diversas nomenclaturas de tipos de feedback, cada uma delas com características distintas. Contudo, podemos nos concentrar nas seguintes definições:

1. *Feedback positivo*

Esse é o tipo de feedback mais fácil de dar, pois exalta aspectos bons de determinada atitude ou resultado alcançado. Entre alguns dos propósitos do feedback positivo, podemos citar:

- Reconhecer o mérito de um bom desempenho;
- Mostrar que alguém está no caminho certo com suas atitudes e resultados;
- Manter a motivação do profissional;
- Estimular a repetição de comportamentos bem-sucedidos.

Aproveite a oportunidade de dar esse tipo de feedback assim que o trabalho for bem realizado, por exemplo, quando um colaborador ou a equipe alcança ou supera os resultados esperados. Guardar esse feedback pode gerar insegurança, desmotivação e instabilidade no clima da empresa.

2. *Feedback negativo*

Esse tipo de avaliação costuma causar certo desconforto. O medo de ser mal interpretado pode fazer com que o feedback negativo seja evitado.

Para que isso não ocorra, é essencial criar um espaço seguro e tornar a prática de acompanhamento constante parte da cultura da organização. O feedback negativo pode ser usado para:

- Apontar quando há uma ação inadequada;
- Mostrar que um trabalho não foi entregue da forma esperada;
- Argumentar sobre as situações ocorridas para que o exemplo seja compreendido.

ACOMPANHAMENTO CONTÍNUO: COMO MANTER A EQUIPE ALINHADA E ENGAJADA

Esse tipo de feedback deve ser dado quando um colaborador ou uma equipe não alcança as metas ou apresenta um desempenho abaixo ou diferente do esperado.

Se o feedback não estiver atrelado ao desempenho profissional, mas a uma postura ou comportamento, deve ser concedido logo no dia seguinte, assim que a situação ocorrer. Se alguém não sabe que precisa melhorar em algo, como poderá fazê-lo, não é mesmo?

Sob essa perspectiva, é preciso entender que a construção de uma jornada de sucesso pessoal e profissional se faz etapa por etapa. E, durante esse processo, em cada passo, é possível evoluir um pouquinho, mesmo escutando críticas.

Uma das coisas importantes para se destacar é que no feedback negativo não se deve dar espaço para comparações entre o desempenho de diferentes funcionários. Isso serve apenas para alimentar a rivalidade e causar intrigas.

Tendo em vista que o feedback negativo é o mais temido, é importante visualizar como conduzi-lo da melhor maneira possível. Vamos pensar, então, em uma empresa desenvolvedora de software. Imagine que a versão de uma nova funcionalidade, ao ser lançada, entrou no ar com algumas falhas, causando inconvenientes aos clientes.

O problema em questão foi originado no código do João, e os erros na programação dele têm acontecido nas últimas semanas de maneira repetitiva.

Exemplo agressivo de feedback negativo

Lançar críticas na frente de todos como: "Ah, de novo não! Alguém estragou o sistema! Aposto que foi o João. Como sempre! Ai, ai, ai, João... de novo?".

Além de expor o colaborador, esse retorno não o ajuda de modo algum.

Exemplo claro e gentil de feedback negativo

Chamar o funcionário para uma conversa privada: "João, na última atualização do software tivemos alguns erros causados por falhas no seu escopo do projeto, o que impactou negativamente alguns dos nossos clientes. Isso tem acontecido com certa frequência nas últimas semanas. Se fosse eu, gostaria muito de saber se estou causando algum problema no software e como posso melhorar. Pensei em trabalharmos juntos nas próximas semanas. O que você acha?".

3. *Feedback construtivo*

    Podemos entender o feedback construtivo como a junção dos dois anteriores. Além de pontuações positivas ou negativas, ele oferece uma estratégia e soluções para maximizar o desempenho e corrigir condutas. O feedback construtivo, portanto:

- Reconhece eventuais erros, mas aponta um caminho a ser seguido;
- Valoriza o progresso pessoal e profissional do colaborador;
- Dá condições ao funcionário para que explore seu potencial.

Assim como nos dois casos anteriores, aproveite a oportunidade para dar esse tipo de retorno assim que possível. E sempre indique estratégias para a maximização de resultados positivos.

Guardar informações que podem ser importantes para o desenvolvimento de alguém é uma maneira de impedir sua evolução. Compartilhar é o caminho eficaz para alcançar resultados ainda mais benéficos.

Em um feedback construtivo, o gestor pode propor um plano de desenvolvimento de alguma característica que está impedindo o colaborador de executar determinada função.

De qualquer forma, seja qual for o tipo de feedback que a situação exigir, no fim das contas, tudo o que queremos é que ele impulsione a produtividade dos funcionários. Não se esqueça disso!

OS PASSOS PARA UM FEEDBACK DE SUCESSO

Tendo em vista que o feedback está atrelado ao estigma da "bronca" – e por ser lembrado apenas como algo negativo –, muita gente (ainda) tem medo dele. De um lado, os gestores acabam se sentindo inseguros no momento de compartilhar uma avaliação mais dura; de outro, os liderados podem não querer ouvir queixas a respeito de seu trabalho. E essa percepção errônea costuma ser fortalecida por um mau líder que usa a prática para criticar os funcionários, nunca lhes fornecendo retornos positivos e recompensas.

A verdade é que, quando realizado seguindo um caráter construtivo (a sua real natureza), ambos os lados podem ficar tranquilos.

"Mas como fazer isso?", você pode perguntar. Dar uma avaliação que incentive o melhor do seu colaborador e, ao mesmo tempo, criar espaço para melhoria é simples: basta mesclar feedbacks positivos e negativos, ou seja, apoiando-se em avaliações construtivas. Afinal, nenhum funcionário vai se engajar se só for criticado, não é mesmo? Em contrapartida, ninguém se desenvolve recebendo apenas elogios.

Propor soluções construtivas quando o assunto é negativo ajuda a motivar a busca por desenvolvimento pessoal. Além disso, as críticas não devem gerar discórdias.

Mas, então, é fácil dar feedback? A resposta é: depende!

Antes de tratar disso, é preciso ter a ciência de que damos feedbacks a todo momento por intermédio da nossa linguagem corporal. Você já ouviu a expressão "o corpo fala"? Pois é! Nossa postura, nosso tom de voz, a expressão facial e os gestos mudam se estamos satisfeitos ou desapontados.

Sendo assim, é importante saber que os feedbacks são carregados de sinais subjetivos. Preste atenção, seja qual for o meio escolhido para ele, para que a mensagem seja coerente aos sinais que seu corpo dá.

Agora que você sabe da importância do feedback contínuo e compreende a importância de mesclar pontos positivos e negativos para não desmotivar sua equipe, vamos abordar a melhor forma de estruturá-lo em um roteiro simples. A seguir, explicamos como se preparar para dar um feedback da melhor maneira possível em seis passos.

1. *Seja sincero*
   Se estimulada o tempo todo, a sinceridade cria um ambiente sem ruídos. As pessoas são impulsionadas para melhorar certas características e, se não gostarem da crítica, sentem-se livres para se justificar.
   De maneira geral, a sinceridade é sempre positiva. Se algo está ruim, explique o porquê para a pessoa responsável, mesmo que seja algo pequeno – como um vício de linguagem.
   O importante é encarar isso com leveza e entender a reação de cada um. É sempre bom deixar claro que as críticas servem para impulsionar a elevação profissional, não para gerar discórdias.

ACOMPANHAMENTO CONTÍNUO: COMO MANTER A EQUIPE ALINHADA E ENGAJADA

A prova disso foi descrita por Kim Scott, que atuava no Google quando percebeu o poder da sinceridade.[46]
Após uma apresentação para pessoas de alto cargo da empresa, uma amiga lhe disse que ela usou em excesso a interjeição "hum" na sua fala, alegando que isso a fazia parecer burra. A sinceridade caiu como um balde de água fria na autora, que percebeu a importância de alguém verbalizar essa percepção, mesmo que a mensagem pareça rude.
Por isso, ela defende a sinceridade radical, que deve ser feita com humanidade, entendendo a reação de cada um ao comentário. Para Kim, tal prática deve existir a todo momento, inclusive nos feedbacks.

2. *Seja constante*
Já falamos, mas não custa repetir: feedbacks devem ser contínuos. O retorno precisa ser cíclico para que gestores e equipe estejam sempre alinhados.
Quanto mais constante for a prática de feedbacks, mais o time estará engajado. Como se diz na linguagem das empresas inovadoras, todos trabalharão "na mesma página".
Os erros, portanto, são apontados logo que acontecem e os acertos são exaltados também com rapidez. Feedbacks contínuos ajudam a todos da empresa a se manter alinhados e a aparar as arestas de maneira rápida. Assim, a engrenagem continua rodando em direção ao seu propósito.

---

[46] SCOTT, K. **Radical candor**: how to get what you want by saying what you mean. London: Pan Macmillan, 2017.

3. *Planeje-se*

Por mais que o feedback se torne orgânico na empresa e sua dinâmica seja contínua, é importante planejar a fala.

Escreva em um papel:

- O objetivo do feedback;
- Os argumentos que sustentam esse objetivo;
- Exemplos de ações reais para alcançá-lo.

Com essa estrutura, é possível mostrar que o feedback é propositivo, e não apenas uma crítica infundada ou um elogio exagerado.

Essa prática é importante tanto para os gestores que vão falar com os colaboradores quanto para os profissionais que querem propor melhorias para a própria gestão.

Falar com um propósito e tê-lo estruturado é essencial para o sucesso de um feedback.

4. *Saiba criticar*

O objetivo da crítica, ou do feedback negativo, é ajudar quem a recebe a saber o que fazer melhor.

Ao criticar, a maior parte das pessoas teme ser agressiva ou indelicada. Se dita de maneira concisa, com argumentos, e com clareza e gentileza, a crítica tende a ser bem recebida. E isso estimula uma mudança positiva no ouvinte.

Um erro muito comum que acontece nas empresas, ainda mais nas que estão começando a implantar o processo de feedback, é usar esse momento apenas para elogios.

Como falamos, é preciso ser sincero e apontar os erros, por menores que sejam, para ajudar a construir uma trajetória profissional melhor para o colaborador. **Críticas são um convite à melhoria; não prive seus liderados de algo que será bom para eles.**

5. *Saiba elogiar*
   O objetivo do elogio no contexto de um feedback é indicar às pessoas quais comportamentos devem ser mantidos em sua conduta na empresa, e não apenas inflar o ego delas.
   Se o elogio é amplo, como dizer que alguém é legal e um ótimo colega de trabalho, ele não gera desdobramentos práticos. Por isso, os elogios também precisam vir estruturados em argumentos e exemplos para que o ouvinte entenda que prática deve ser replicada e continuada.

6. *Desafie*
   O feedback precisa proporcionar um desafio claro a quem o recebe. O objetivo desse desafio deve estar em auxiliar, de modo eficaz, o crescimento profissional do colaborador e reduzir novos erros no processo em questão.
   Podemos considerar que um feedback foi feito da maneira correta quando gera um desafio positivo – e isso independe do tempo de conversa.

FORMAS DE DAR RETORNO

Vamos entender quais meios podemos usar para dar feedbacks e as vantagens de cada um deles.

Pessoalmente
- Favorece a transmissão da mensagem de maneira clara e concisa;

- Permite que ambos os lados percebam a reação no mesmo momento;
- Proporciona o esclarecimento de dúvidas na hora da conversa.

Por e-mail
- Faz a mensagem ser preparada por um tempo maior;
- Possibilita que se revise o conteúdo escrito antes de chegar ao interlocutor.

On-line

Atualmente, com o trabalho remoto, as ferramentas de videoconferência passaram a assumir um papel importante no dia a dia das empresas. Nesse meio, apesar de não haver a presença física, o contato é direto. Por isso, assim como no feedback pessoal, é importante transmitir a mensagem de modo claro e conciso.

Mas o on-line nos permite ir além. Pensando nas transformações tecnológicas constantes do mundo, a Feedz criou uma plataforma de gestão de RH, com recursos e ferramentas que abrem espaço para que o feedback seja realizado de imediato e de maneira recorrente. A grande vantagem é que em plataformas como essa todas as pessoas podem se envolver em uma cultura de feedback, sem muros relacionados à hierarquia.

Outro aspecto favorável desse método é o acesso ao histórico de feedbacks. Com isso, fica mais fácil para o colaborador saber que tipo de auxílio procurar para se desenvolver profissionalmente. E o gestor, por sua vez, pode traçar uma estratégia evolutiva para seu time.

O DESAFIO DO RECONHECIMENTO: CASES DE SUCESSO EM FEEDBACKS

A Nexxera, principal ecossistema de transações financeiras e mercantis do país,[47] tem mais de 27 anos de história e 271 colaboradores. Mesmo com um fluxo saudável de comunicação e expertise em gestão de profissionais, a empresa sentiu a necessidade de aprimorar seus feedbacks e a cultura de celebração, a fim de imprimir mais naturalidade e qualidade a esses processos.

Auxiliar pessoas de diversas áreas a se sentir pertencentes a um grande time, no lugar de apenas parte da equipe direta, já é um desafio. Passada essa etapa, a organização precisa ainda fazer com que colaboradores de diferentes setores reconheçam a ajuda uns dos outros, sem atrapalhar o fluxo de trabalho e incentivando a sensação de pertencimento e valorização dentro da empresa.

A Nexxera tinha esse desejo de abrigar trocas espontâneas de feedbacks e impulsionar uma cultura de celebração de conquistas e reconhecimento dos envolvidos. No entanto, esbarrava na falta de engajamento, no pouco caso com os resultados obtidos, na quase ausência de feedback entre setores, pares e lideranças, além de outros problemas comuns em companhias pouco experientes na arte do retorno.

A solução encontrada foi apostar na plataforma da Feedz para criar o hábito de reconhecimento de maneira prática

---

[47] NEXXERA disponibiliza plataforma digital para supply chain. **Associação Brasileira das Empresas de Software**, 15 jun. 2021. Disponível em: https://abes.com.br/nexxera-disponibiliza-plataforma-digital-para-supply-chain/. Acesso em: 22 fev. 2023.

e recompensadora. Além disso, por meio da nossa ferramenta de feedback, a Nexxera enxergou a oportunidade de incentivar essa cultura de constante melhoria.

COMO PROMOVER O SENSO DE PERTENCIMENTO?

Um levantamento feito pela startup BetterUp[48] revelou que as pessoas que não se sentem pertencentes são 25% menos produtivas do que aquelas que acreditam ser parte do grupo. Segundo a pesquisa, 40% dos colaboradores entrevistados se sentem física ou emocionalmente isolados no trabalho. **Esse número alarmante revela uma necessidade de toda liderança: integrar os indivíduos do time utilizando o senso de pertencimento.**

O eNPS, já mencionado aqui, é uma ótima ferramenta para medir o engajamento (ou lealdade) dos colaboradores. Existem duas informações centrais possíveis de serem extraídas do eNPS: 1) se os funcionários indicariam a empresa para outras pessoas e 2) os motivos para isso. Na primeira fase, faça a seguinte pergunta: "Em uma escala de 0 a 10, qual a probabilidade de você recomendar a nossa empresa como um bom lugar para trabalhar?".

Na escala, 0 é pouco provável e 10 é muito provável. Com esses dados, é possível identificar quantos detratores, neutros e promotores há na sua organização, cujos perfis explicamos a seguir.

---

[48] THILL-FRASER, R. 4 maneiras de promover o sentimento de pertencimento no trabalho. **Forbes**, 23 set. 2019. Disponível em: https://forbes.com.br/carreira/2019/09/4-maneiras-de-promover-o-sentimento-de-pertencimento-no-trabalho/. Acesso em: 22 fev. 2023.

ACOMPANHAMENTO CONTÍNUO: COMO MANTER A EQUIPE ALINHADA E ENGAJADA

- **Detratores** deram notas de 0 a 6 e, portanto, não estão engajados com o negócio, podendo influenciar negativamente a satisfação de outros colaboradores;
- **Neutros** deram nota 7 ou 8, o que quer dizer que podem trocar de empresa a qualquer momento;
- **Promotores** deram notas acima de 9; estes, além de engajados, ajudam a promover a empresa.

Para aqueles que analisam as respostas do eNPS, a escala vai de -100 a 100 e é calculada da seguinte maneira:

eNPS = % de promotores – % de detratores

Como se pode observar, a fórmula do eNPS é a diferença entre o percentual de promotores e detratores. Os neutros não entram no cálculo.

- Acima de 75 o eNPS é considerado excelente;
- Entre 50 e 74, está em qualidade aceitável;
- De 49 a 0 é uma zona de aperfeiçoamento;
- Em qualquer número abaixo de 0, o eNPS é considerado crítico.

É importante entender essas notas. Para isso, a empresa pode pedir aos colaboradores que justifiquem sua opção. Com tais informações, fica mais fácil determinar as próximas ações e medidas. Quais?

Crie situações em que há interações saudáveis. Quando colaboradores novos chegam, deve haver um esforço por parte da liderança para gerar boas interações entre a equipe. Por quê? Porque muitos excluem sem perceber que estão fazendo isso. As interações saudáveis partem de um esforço consciente para tornar o ambiente agradável.

Emily Heaphy, pesquisadora da área, chama essas interações saudáveis de High-Quality Connections (HQCs, ou conexões de alta qualidade, em português). Um estudo[49] dos pesquisadores Stephens, Heaphy e Dutton revelou que as HQCs têm o poder de impactar positivamente até mesmo nos sistemas cardiovascular, endócrino e imunológico.

Na verdade, você não precisa de um happy hour. Ele pode, inclusive, não funcionar se as pessoas não tiverem nenhuma integração prévia. **Fomente interações muito mais simples, como a oportunidade de conversar durante o café e no intervalo entre uma tarefa e outra.** O ambiente tem muita responsabilidade sobre as interações; afinal, como é possível que elas sejam saudáveis em meio a um clima competitivo e estressante, que mais parece um depósito de sentimentos negativos?

O grande segredo é que as interações sejam regulares e não haja negatividade nesses momentos, conforme indica uma reportagem da *Forbes* sobre pertencimento.[50] Dito de modo simples: **os funcionários foram contratados para ser funcionários, mas é importante que façam amigos**, tendo em vista que em um ambiente em que não são feitas amizades pode haver hostilidade.

---

[49] STEPHENS, J. P; HEAPHY, E.; DUTTON, J. E. High-quality connections. In: CAMERON, K. S. (ed.); SPREITZER, G. M. (ed.). **The Oxford handbook of positive organizational scholarship.** Nova York: Oxford University Press, 2013. Disponível em: https://positiveorgs.bus.umich.edu/wp-content/uploads/HighQualityConnections.pdf. Acesso em: 22 jan. 2023.

[50] FRASER-THILL, R. 4 maneiras de promover o sentimento de pertencimento no trabalho. Forbes, 23 set. 2019. Disponível em: https://forbes.com.br/carreira/2019/09/4-maneiras-de-promover-o-sentimento-de-pertencimento-no-trabalho/. Acesso em: 22 jan. 2023.

Os resultados são nítidos, como revelou uma pesquisa da Feedz em parceria com Swile e Vittude,[51] segundo a qual a diferença entre o engajamento de colaboradores que têm amigos no trabalho (ou aliados, conforme alguns dizem) é enorme – o eNPS vai de 22 a 55.

ENGAJAMENTO NA ASCENSÃO DO HOME OFFICE E A PLATAFORMA FEEDZ

Em 2020, ficou nítida a necessidade (e possibilidade!) de engajar colaboradores e fazê-los se sentir pertencentes mesmo a distância. Como mencionado anteriormente, plataformas de gestão de RH são ótimos recursos para facilitar processos como a criação de uma cultura de feedback e manter o time engajado em um mundo cujas modalidades de trabalho híbrido ganham cada vez mais força. A plataforma Feedz é um case de sucesso quando o assunto é engajamento na ascensão do home office, inclusive ajudou diversas empresas durante o período de incertezas que foi o começo da pandemia de covid-19.

Foi o que ocorreu com a VExpenses. A responsável pela área de Pessoas, Amanda Alves, nos disse: "a plataforma [da Feedz] tem sido crucial para que a gente consiga manter a equipe unida e tranquila diante de todo o caos que estamos enfrentando".[52]

---

[51] PESQUISA Panorama de Engajamento Brasil. **Feedz**. Disponível em: https://materiais.feedz.com.br/agradecimento-pesquisa-panorama-de-engajamento-brasil-2021. Acesso em: 22 fev. 2023.

[52] CLIENTES Feedz: Depoimento VExpenses. 2020. Vídeo (1min35s). Publicado pelo canal Feedz. Disponível em: https://www.youtube.com/watch?v=4ZuK7Bnya1I. Acesso em: 22 jan. 2023.

Aline Vasconcelos, encarregada da área de Desenvolvimento Humano da Agenda Edu, relatou: "com a Feedz fazemos pesquisas para entender como os colaboradores estão se sentindo, como percebiam o momento, dúvidas e sugestões".[53]

Ou seja, é possível haver engajamento e proximidade mesmo cada um trabalhando em sua casa.

Depois de dois meses de uma implementação gradativa na Nexxera, 100% dos funcionários têm acesso à nossa plataforma. "Buscamos sensibilizar as Lideranças inicialmente. Produzimos materiais específicos para divulgar os benefícios e o objetivo da ferramenta aos colaboradores. A gamificação e a premiação também incentivam o uso. E sempre que realizamos ações de endomarketing, incluímos o uso da ferramenta, para sempre estimular o uso da mesma", exemplificou a líder responsável na época.[54]

Dessa forma, a empresa conseguiu que, aos poucos, os colaboradores se acostumassem à solução e entendessem a importância do reconhecimento.

"Passado esse período [de adaptação], começamos a sentir um uso mais qualitativo das ferramentas, não somente quantitativo", continuou a líder. Assim, o impacto positivo é sentido com mais rapidez. Além de cumprir o objetivo de aumentar o reconhecimento dentro da empresa, o

---

[53] CLIENTES Feedz: Depoimento Agenda Edu. 2020. Vídeo (2min10s). Publicado pelo canal Feedz. Disponível em: https://www.youtube.com/watch?v=ze_Ey_MtRFo. Acesso em: 22 jan. 2023.

[54] LEITE, G. Como a Nexxera aumentou a qualidade dos feedbacks com a Feedz. **Feedz**, 28 abr. 2020. Disponível em: https://www.feedz.com.br/blog/casefeedz-como-a-nexxera-aumentou-a-qualidade-dos-feedbacks-com-a-feedz/ Acesso em: 22 jan. 2023.

uso do espaço para fazer feedbacks de qualidade ajuda no crescimento profissional dos colaboradores, cria um clima de confiança e engaja os funcionários.

Os passos seguintes planejados pela Nexxera para aproveitar o bom funcionamento da plataforma é rodar, no futuro próximo, a avaliação de desempenho.

Não tem como fugir: se o seu objetivo é manter sua equipe alinhada e engajada na era da ascensão do home office, é preciso manter-se em movimento e se aproveitar dos recursos e ferramentas disponíveis que facilitam esse processo.

REUNIÕES 1:1

As reuniões um a um, ou, como costumamos chamar, *one-on-one*, são de suma importância na criação de alinhamento e relacionamento entre líderes e liderados.

Ao contrário de uma reunião de check-in, no 1:1 não falamos sobre *status reports* de projetos, produtos ou demais atividades. Nesse momento, o foco é o colaborador. Esse tipo de conversa cria um espaço seguro para que os funcionários compartilhem com seus superiores os problemas ou preocupações que estão vivenciando.

Algumas razões para fazermos 1:1 frequentes com nosso time são relatadas a seguir.

1. *Alinhamento*
   Como falado anteriormente, o alinhamento das expectativas e realidades da empresa e do time precisa estar sempre ajustado.

2. *Criação de relacionamento*
   Para obtermos sucesso em nossa liderança, devemos nos relacionar bem com nosso time. Gostamos

de dizer que liderar é como jogar xadrez, e não damas. Cada peça/pessoa tem habilidades e comportamentos únicos que precisamos entender e com os quais saber lidar. Sim, sim, é mais fácil falar do que fazer, mas é importante sempre termos isso em mente.

3. *Desenvolvimento profissional*
Trazer talentos para trabalhar conosco não é tarefa fácil, por isso precisamos ajudá-los a se desenvolver de maneira adequada. Entender o que querem, qual a visão a curto, médio e longo prazo de carreira e ajudar a montar um plano de ação para isso faz do 1:1 um catalisador de desenvolvimento incrível!

4. *Feedback mútuo*
No 1:1, o gestor deve aproveitar o momento para solicitar e instigar feedbacks dos seus liderados. "Como posso ser um melhor gestor?" ou "Se você estivesse no meu lugar, o que faria diferente?" são perguntas que ajudam a abrir esse tipo de debate.

Na Feedz, sempre utilizamos uma série de perguntas que nos guiam durante essas reuniões. Confira 23 exemplos de perguntas que você pode usar no 1:1.

- Você é feliz no trabalho?
- O que deixa você mais feliz aqui?
- O que poderia fazer você mais feliz ainda na empresa?
- O que mais o incomoda atualmente?
- Tem algo que você gostaria de fazer, mas não teve oportunidade?

ACOMPANHAMENTO CONTÍNUO: COMO MANTER A EQUIPE ALINHADA E ENGAJADA

- Como posso ser um gestor melhor para você? Você tem algum feedback crítico para me dar, algo em que eu possa melhorar?
- Como você prefere receber feedbacks?
- Você sente que está recebendo feedbacks o suficiente?
- Tem alguém no seu time que está com algum problema?
- Tem algo que devemos parar de fazer, enquanto empresa?
- Como você se sente em relação ao equilíbrio vida/trabalho?
- Que trabalho você está fazendo aqui e acha que está mais alinhado com seus objetivos a longo prazo?
- Que habilidades você gostaria de desenvolver agora?
- Você sente que está progredindo em seus grandes objetivos aqui?
- Há algum evento ou treinamento do qual você gostaria de participar para ajudá-lo a aumentar suas habilidades?
- Que horas você sente que é mais produtivo?
- Como poderíamos ajudá-lo a ser mais produtivo?
- Existe uma situação em que você gostaria da minha ajuda?
- Em quais aspectos do seu trabalho você gostaria mais e em quais gostaria menos da minha orientação?
- Se você fosse o gestor, qual a primeira coisa que mudaria?
- Seu trabalho é o que você esperava quando o aceitou?
- O que **você** pode fazer para agir ou progredir no que falamos hoje?
- O que **eu** posso fazer para agir ou progredir no que falamos hoje?

Dicas práticas

- **Marcar com antecedência:** sempre agende 1:1 com antecedência e deixe claro os tópicos a serem debatidos; dessa forma, não é gerada uma má expectativa;
- **Não cancelar:** se não puder realizar a conversa no horário agendado, procure outro espaço na agenda e remarque. Isso mostra a relevância desse evento e sua preocupação em querer fazer com que essa conversa aconteça;
- **Fazer anotações:** anote pontos importantes e observações sobre cada tópico. Sugira que o liderado faça o mesmo;
- **Montar pequenos planos de ação:** normalmente, após a conversa, surgem pequenos planos de ação, melhorias de comportamentos ou atividades tanto para o líder quanto para o liderado, por isso é importante anotar e rever com frequência essas ações;
- **Agendar a próxima:** conversa finalizada? Ótimo! Aproveite o último minuto junto com seu liderado e já defina uma data para o próximo encontro.

Com o framework ideal para sua gestão de alto desempenho em mãos e todos os seus pilares aprofundados, você conseguirá conquistar uma gestão mais estruturada, que o ajudará a garantir um maior alinhamento interno, aumentar o engajamento da sua equipe e, por consequência, alcançar mais resultados no seu negócio. Para isso, porém, é preciso realizar constantemente a gestão de desempenho da sua empresa e/ou time. No próximo capítulo, você aprenderá como fazer isso. Vamos nessa?

O FEEDBACK É A MELHOR MANEIRA DE ALINHAR EXPECTATIVAS ENTRE LÍDERES E LIDERADOS.

Capítulo 7

COMO SABER SE VOCÊ ESTÁ INDO BEM?

É muito fácil acreditar que a empresa está voando se você não olha para indicadores, não conversa com colaboradores nem ouve os seus clientes. Em suma, você não corre o risco de notar o próprio fracasso – e isso é o que o impede de ser bem-sucedido.

Quando um gestor estabelece OKRs, dá feedbacks, mas não vê sucesso, é por uma razão principal: falta gestão de desempenho.

O QUE É GESTÃO DE DESEMPENHO?

A gestão de desempenho é um processo que promove o alinhamento entre a) metas e objetivos de uma empresa e b) desempenho e performance de seus colaboradores. Para que ela seja realizada de modo competente, é preciso pensar em uma gestão integrada, baseada em alinhamentos claros, boa comunicação entre líderes e liderados e planos de desenvolvimento individual (PDI).

Como em todo bom relacionamento, o processo de gestão de desempenho deve ser firmado em uma troca transparente de feedbacks. Não é muito diferente do que ocorre em qualquer relacionamento humano, como os amorosos. Se você e seu cônjuge não tiverem constantes trocas, dizendo o que agrada e o que não agrada um no outro, fica difícil direcionar-se ao amanhã. Se seu parceiro ou parceira não lhe diz que fica triste quando você faz o comentário X, esse problema vai aumentar dia a dia, a ponto de ser difícil arrancá-lo pela raiz ou até mesmo podá-lo.

Sem uma cultura sólida de feedbacks, não se faz gestão de desempenho. Portanto, garanta que, antes desta etapa, você aprendeu e está colocando em prática tudo que dissemos no capítulo 6.

Além dos feedbacks, outros aspectos são bastante relevantes nesse cenário. É o caso da avaliação de desempenho, que não deve ser confundida com gestão de desempenho. Então, antes de mais nada, vamos entender bem a diferença entre esses dois.

QUAL A DIFERENÇA ENTRE GESTÃO DE DESEMPENHO E AVALIAÇÃO DE DESEMPENHO?

Essa é uma dúvida bastante comum e pode confundir muitos, mas é preciso saber que, embora os termos sejam parecidos, gestão de desempenho e avaliação de desempenho têm definições e naturezas próprias. No entanto, podem ser usadas de modo complementar na gestão de pessoas. Para facilitar, faremos uma diferenciação clara de ambos os significados.

A **gestão de desempenho** é um processo amplo que tem como objetivos definir e alinhar expectativas entre empresa e colaborador, além de acompanhar e avaliar seu desempenho e, ao final de um ciclo, traçar estratégias para melhorar os pontos que ficaram aquém do esperado.

Já a **avaliação de desempenho** é uma prática que pode ser adotada em uma frequência preestabelecida. Trata-se de um recurso que deve se voltar para a performance do colaborador com o objetivo de medir sua evolução e produtividade.

A avaliação de desempenho funciona como uma ferramenta que levanta insumos para que um gestor possa tomar decisões estratégicas, definir metas e realocar recursos de forma mais inteligente.

Em resumo: a avaliação é uma ferramenta; a gestão é um processo.

Já que falamos em "performance", pode surgir outra dúvida.

QUAL A DIFERENÇA ENTRE GESTÃO DE DESEMPENHO E GESTÃO DE PERFORMANCE?

Podemos pensar da seguinte maneira: **o desempenho está mais ligado à execução e ao cumprimento de uma atividade. Já a performance é o resultado de determinada atividade.** Ambos os conceitos devem andar juntos, pois são complementares, embora abordem aspectos diferentes do processo de gestão de pessoas.

Tudo o que uma empresa quer (e de que precisa) é encontrar um framework ideal para realizar uma gestão de pessoas mais estratégica, apoiada em aferições confiáveis e assertivas. Mas nem tudo são "números". As organizações já aprenderam que é por meio de incentivos que os profissionais se sentem motivados a atingir melhores resultados, conforme vimos no capítulo 4.

Com esse conceito em xeque, já vai longe o tempo em que processos rígidos de gestão de performance eram considerados adequados. Com esse novo entendimento, surgiram os gestores e especialistas em performance que ajudam a implementar um modelo de gestão voltado para pessoas.

Hoje em dia, é esperado que os gestores entendam as motivações, os propósitos, pontos fortes e fracos de cada colaborador, além de ajudá-lo a se desenvolver de acordo com suas ambições. É claro que, no dia a dia, o gestor também deve acompanhar o andamento de projetos, se os OKRs estão

COMO SABER SE VOCÊ ESTÁ INDO BEM?

sendo cumpridos ou se a performance (olha ela aqui) está de acordo com o esperado. É por isso que a gestão de performance e a gestão de desempenho podem e devem andar juntas.

QUAL O OBJETIVO DA GESTÃO DE DESEMPENHO?

A gestão de desempenho é um planejamento que, como o próprio nome sugere, pretende criar um ciclo contínuo para que uma corporação possa acordar atividades, avaliar o desempenho e promover ações de melhoria junto a cada colaborador.

É muito fácil acreditar que está tendo bom desempenho quando, na realidade, o que ocorre é uma catástrofe corporativa. Quer exemplos de dois dos principais *gaps* nas empresas em relação ao desempenho? Reuniões e trabalho excessivo.

No livro *Reinvente sua empresa*,[55] os autores Jason Fried e David Hansson são bem radicais ao afirmar que reuniões são tóxicas. Por quê? Uma reunião de uma hora com dez participantes significa que dez horas de trabalho foram "perdidas".

É claro que existem reuniões produtivas e que poupam a equipe de bater a cabeça em tarefas que não foram suficientemente esclarecidas. Vimos sobre a importância dessas reuniões no capítulo 6, não vimos? No entanto, de fato há muitas reuniões desnecessárias, criando um ralo de produtividade que acaba precisando ser compensado em horas extras.

No mesmo livro, os autores afirmam o seguinte: "se você frequentemente fica até mais tarde e trabalha nos finais de semana, não é porque tem muito trabalho, mas porque você não está fazendo o que deve ser feito. E o motivo são as interrupções". Segundo eles, o *workaholic* (ou viciado em trabalho)

---

[55] FRIED, J.; HANSSON, D. H. **Reivente sua empresa**. Rio de Janeiro: Sextante, 1996.

não é um herói. Os verdadeiros heróis estão em casa após o expediente, porque descobriram formas otimizadas de resolver os problemas para não precisar ficar no escritório o dia inteiro.

Para Fried e Hansson, nas palavras de Mombelli: "Ninguém toma decisões perspicazes quando está cansado"[56]. **Precisamos parar de valorizar o esforço como sinônimo de desempenho.** Alguém pode dedicar a vida inteira a uma tarefa; no entanto, será que ela é necessária? Se não for, esse não é um mérito, mas uma estupidez.

Ao definirmos o que é desempenho, portanto, devemos começar a sua gestão. Esse é um processo cíclico, porque nunca acaba, já que as organizações estão se desenvolvendo todos os dias visando atingir novas metas de negócio e expandir seus mercados. E o desenvolvimento de seus colaboradores deve seguir nesse mesmo ritmo.

De maneira simplificada, podemos estruturar a gestão de desempenho em algumas etapas, as quais explicaremos a seguir.

COMO FAZER GESTÃO DE DESEMPENHO: VEJA O PASSO A PASSO

Como todo processo, a gestão de desempenho pode ser estruturada. Saiba como a seguir.

1. Alinhamento de expectativas
Essa é a etapa do acordo das metas entre ambas as partes. Afinal, para que um profissional tenha um

---

[56] MOMBELLI, E. [Post do leitor] Análise do livro "Reinvente sua empresa", de Jason Fried e David Hansson. Carreirasolo.org. Disponível em: https://carreirasolo.org/inspiracao/post-do-leitor-analise-do-livro-reinvente-sua-empresa-de-jason-fried-e-david-hansson. Acesso em: 15 abr. 2023.

bom desempenho, é preciso que ele tenha conhecimento do que é esperado dele. E tudo isso deve ser bem amarrado às metas e aos objetivos da empresa. Nessa hora, é importante deixar claro como será feito o acompanhamento de sua rotina e qual metodologia de avaliação será adotada.

2. *Acompanhamento no dia a dia*
A ideia é que o gestor esteja sempre ao lado do colaborador para auxiliá-lo no que for preciso durante sua jornada, além de prestar apoio no momento certo. Essa rotina de observação é essencial também para que identifiquem se as atividades atribuídas estão fazendo sentido.

3. *Aplicação da avaliação do desempenho*
A fim de medir a evolução e produtividade, a aplicação periódica da avaliação de desempenho permite gerar insumos e realizar o acompanhamento do progresso dos colaboradores, reconhecendo o alcance dos resultados e destacando pontos de melhoria.

4. *Incentivo ao desenvolvimento*
Nesta etapa, é importante que sejam criados planos e ações para que o profissional se desenvolva nos aspectos que ficaram abaixo das expectativas acordadas.

NO FINAL DAS CONTAS, O QUE PODE SER CONSIDERADO DESEMPENHO?

Revendo a estrutura simplificada, podemos pensar que gestão de desempenho é algo bastante simples, não? No entanto, devemos lembrar que, na gestão moderna, cada vez mais pessoas trabalham de maneira integrada e com foco em um só objetivo.

Isso é maravilhoso, mas pode trazer certa dificuldade em avaliar os resultados de maneira individual.

É possível definir um conceito diferente de "desempenho" em cada empresa. Para ajudar nessa tarefa, os gestores de RH e líderes de cada área podem se reunir e, juntos, refletir sobre os objetivos e metas propostas. A ideia central desse exercício é compreender como cada setor da empresa pode contribuir e, assim, definir expectativas globais e individuais.

O importante é que, durante essa troca de ideias, questões--chave sejam respondidas. Esses insights são importantes para definir "o que é desempenho dentro da sua organização".

Aqui estão algumas questões-chave para definir desempenho:

- Qual valor cada setor agrega para a empresa?
- Quais são os resultados de cada área e como eles contribuem para a estratégia da organização?
- Dentro dos times, qual é o papel de cada colaborador para que esses resultados sejam alcançados?
- Como é possível medir a contribuição de cada membro da equipe?

Com base nessa troca entre RH e líderes de equipe, é possível ter uma visão completa do processo sem descuidar das particularidades e do entendimento micro de cada área.

POR QUE É IMPORTANTE DEFINIR O QUE É DESEMPENHO?

Dois indivíduos podem discutir entre si quem tem o maior desempenho. No entanto, esse debate só chegará a algum lugar se os dois disserem abertamente o que é desempenho para eles. Portanto, apenas podemos medir o que está definido e conceituado.

O que é desempenho para nós? É o sucesso obtido na realização de uma tarefa necessária para o progresso da empresa. Desempenho existe em pequena e grande escala, a curto e longo prazo. Essa é uma ação fundamental para que toda organização tenha o mesmo parâmetro, partindo das mesmas premissas.

Se cada gestor de uma área decidisse trabalhar de modo independente, uma empresa teria dificuldades em seguir seus planos e metas. Isso sem falar no quanto interpretações difusas prejudicam a cultura organizacional.

É bom reforçar que a cultura não serve apenas para ser um norte na contratação de talentos, mas para guiar o desenvolvimento de seus colaboradores com base em um conjunto de definições, práticas, ações, políticas e comportamentos que regem a rotina da empresa. Além disso, o ato de discutir publicamente as questões para definir o que pode ser considerado "desempenho" aumenta o nível de comprometimento com a pauta.

E, para finalizar, é preciso destacar que quanto maior for a transparência das definições dentro da empresa, melhor a sua comunicação interna. Isso significa que quanto maior for o entendimento entre o que é esperado nas relações empresa e líderes e líderes e liderados, maior será o sucesso da organização no cumprimento de seus planos.

EXPECTATIVAS DE DESEMPENHO: QUANDO SE DEVE COMUNICAR A EQUIPE?

Essa pode parecer outra pergunta simples de ser respondida, mas o mundo corporativo é dinâmico. As pessoas são contratadas o tempo todo e, muitas vezes, começam a desempenhar suas funções sem muito conhecimento prévio (já ouviu falar da expressão "trocar os pneus do carro em movimento"?).

Nem todas as empresas oferecem um processo de *onboarding* (entrada) estruturado, por exemplo. Dessa forma, alinhamentos essenciais como dizer o que é esperado do novo colaborador pode passar em branco ou ser adiado por certo período.

O processo ideal para que a gestão de desempenho funcione de maneira correta é comunicar ao colaborador o que se espera dele assim que ele é contratado. Depois disso, uma boa hora para retomar esses aspectos é no início de cada ano, assim que as novas metas e objetivos da empresa estiverem definidos (lembra que dissemos anteriormente que a gestão de desempenho é um processo cíclico?).

ONBOARDING REMOTO: O DESAFIO DO NOSSO NOVO TEMPO

Um levantamento da Gallup revelou um número alarmante a respeito desse tema: apenas 12% dos funcionários acreditam que as empresas fazem um bom trabalho de integração.[57] A expansão emergencial do trabalho remoto – causada pelos efeitos da pandemia em 2020 – aumentou a complexidade no alinhamento entre líderes e liderados, principalmente na pós-contratação.

---

[57] WHY the onboarding experience is key for retention. **Gallup**. Disponível em: https://www.gallup.com/workplace/235121/why-onboarding-experience-key-retention.aspx. Acesso em: 22 jan. 2023.

VOCÊ PODE LER MAIS SOBRE ESSA EXPERIÊNCIA NO NOSSO BLOG! BASTA APONTAR A CÂMERA DO SEU CELULAR PARA O QR CODE AO LADO.

https://www.feedz.com.br/blog/onboarding/

Nos últimos tempos, foi necessário atualizar as definições de recrutamento e seleção e, claro, a maneira de dar as boas-vindas aos novos colaboradores. Fazer tudo remotamente pode ter sido um desafio no começo, mas passou a ser uma prática incorporada, com alguns *playbooks* já descritos e consolidados.

A verdade é que o alinhamento entre líderes e liderados pode e deve acontecer, seja de modo presencial, seja on-line. Fundamentalmente, porém, o aspecto mais importante para que o trabalho remoto funcione é poder contar com uma ferramenta que centralize tudo o que é importante. Isso vale para os objetivos e metas da empresa (OKRs), assim como o processo de PDIs, a aplicação da avaliação de desempenho e a entrada e integração de novos funcionários na empresa.

Será que é mesmo possível fazer uma gestão ágil a distância? Sim, é possível, mas isso demandará esforço da parte de todos os envolvidos, em especial das lideranças, que precisam de indicadores para acompanhamento.

E, quando o assunto é a etapa de *onboarding*, em que o novo funcionário é integrado à equipe, a Dra. Talya Bauer, da Society for Human Resource Management (SHRM), identificou os quatro Cs que um programa de integração bem-sucedido deve incluir, a saber:[58]

- **Conformidade.** Significa ensinar aos novos contratados as políticas básicas da empresa;
- **Clareza.** Garantir que os funcionários conheçam suas responsabilidades e saibam como cumprir adequadamente sua função na organização;
- **Cultura.** Fornecer as regras formais e informais da companhia;
- **Conexão.** Construir relacionamentos com os colegas de trabalho e sentir-se parte da equipe.

Além dos quatro Cs, os dez passos a seguir podem ser tomados para facilitar todo esse processo.

1. *Enviar um e-mail de boas-vindas*
   Não se atenha apenas a uma mensagem bonitinha. Esse e-mail deve conter instruções específicas em relação ao que é necessário para o primeiro dia, tais como data, horário, chaves de acesso e manual da empresa.

2. *Organizar os espaços de trabalho (físicos e digitais)*
   Pode ser constrangedor para líder e liderado que, no primeiro, não haja sequer um espaço para trabalho. Quando o colaborador chega, o gestor pede licença ao Fulano para que ele se sente, mostrando que não houve nenhum planejamento prévio.

---

[58] GRACIETTI, L. Onboarding: o guia completo para integrar novos colaboradores. **Feedz**, 26 nov. 2022. Disponível em: https://www.feedz.com.br/blog/onboarding/. Acesso em: 22 jan. 2023.

Não permita que tal constrangimento aconteça. Organize-se!

3. *Organizar uma recepção e apresentar o espaço de trabalho*
Esse passo é crucial para que o novo funcionário se familiarize com o ambiente em que passará dezenas de horas semanais, sentindo-se à vontade.

4. *Reunir-se com o RH*
O novo funcionário pode se reunir com alguém da equipe de RH para entender o organograma da empresa, ajeitar as papeladas de contratação, saber detalhes da remuneração e políticas sobre férias, licença médica e horário de trabalho, por exemplo.

5. *Realizar uma imersão cultural*
É importante que o novo colaborador entenda os valores da empresa. E, afinal, para onde o barco está indo. Lembre-se de garantir que todos os marinheiros saibam disso.

6. *Dar ao funcionário algum tempo antes de uma introdução mais ampla à equipe*
Por mais que pareça legal, em muitos casos, uma introdução à equipe de primeira pode ser constrangedora. Não apresse as coisas. Dê tempo ao colaborador a fim de que ele se sinta confortável no ambiente de trabalho para, então, ser apresentado à equipe e aos outros setores.

7. *Definir as expectativas*
Da mesma forma que é necessário estabelecer o que é desempenho na sua empresa, é preciso alinhar as expectativas com os novos colaboradores. Se você explicou na entrevista de emprego que o colaborador faria serviço X, mas pediu tarefa Y após ele entrar, é

óbvio que haverá desconforto. Para o primeiro dia, as expectativas devem estar alinhadas.

8. *Programar treinamento de software e ferramentas*
Sua empresa utiliza a Feedz? E a RD Station? Faz uso de algum CRM? Todos os softwares devem ter tutoriais para que o novo funcionário aprenda a utilizá-los. Caso não exista um treinamento para a ferramenta utilizada, trate você mesmo de fazê-lo.

9. *Planejar um evento social*
Essa pode ser uma forma de gerar interações saudáveis entre o novato e os veteranos da equipe.

10. *Agendar reuniões regulares para análises e feedback*
Esta última etapa é essencial para que, pouco a pouco, o novo colaborador crie confiança e proximidade com seu supervisor direto. Você deseja manter as vias de comunicação sempre abertas, certo?

Feito tudo isso, agora é hora de saber se você obteve sucesso. O ideal é que o *onboarding* se mostre eficiente em três meses, que é o período de experiência em uma empresa. Esses noventa dias são o período mínimo para os novos contratados se acostumarem com suas funções, se prepararem mentalmente para suas responsabilidades, se sentirem valorizados e apoiados e adquirirem o conhecimento e as habilidades necessários para ter sucesso.

Em um mês...
O novo colaborador já deve conhecer as ferramentas, entender o produto ou serviço oferecido pela companhia, estar confortável com a cultura organizacional e cumprir uma meta estipulada para o mês.

Em dois meses...
O novo colaborador já deve concluir uma meta estabelecida para dois meses e ser capaz de colaborar com outras equipes, estando adequado às rotinas diárias.

Em três meses...
O novo colaborador já deve assumir mais responsabilidades e conseguir lidar com dificuldades sem que outros "prestem socorro".

INDICADORES E MÉTRICAS DE DESEMPENHO

Antes de mais nada, precisamos entender que **métricas são dados**, os quais podem ser representados por números. A cultura *data-driven* da Feedz faz com que as métricas sejam de extrema importância. De maneira geral, elas são usadas para mensurar alguma atividade operacional da empresa e podem revelar como determinado processo está sendo executado, por exemplo.

Cada empresa utiliza um conjunto de métricas que pode ser empregado para avaliar tendências, comportamentos ou variáveis do negócio. As métricas também podem ser usadas como forma de acompanhar a performance individual de pessoas, conceito que vem sendo conhecido como People Analytics (PA).

O QUE É PEOPLE ANALYTICS?

Os dados são o novo petróleo, conforme alguns dizem. De acordo com uma pesquisa da Bersin,[59] 78% das empresas enxergam como urgente a adoção de práticas de

---

[59] PEOPLE analytics: a step-by-step guide to using analytics in HR. **Ideal**. Disponível em: https://ideal.com/people-analytics/. Acesso em: 22 fev. 2023.

análise de dados na área de RH. No entanto, apenas 7% delas afirmam ter alguma ação nesse sentido.

É com base nessa dor que surge a People Analytics. Essa metodologia consiste na coleta, organização e análise de dados de maneira estratégica, transformando informações gerenciais em insights valiosos que norteiam a tomada de decisão dos líderes e das áreas de gestão de pessoas.

Adotando o PA em sua empresa, você tem:

- 50% mais chances de acertos nos processos de recrutamento e seleção;
- 35% menos atrito entre membros da equipe;
- 20% a mais de desempenho;
- 4% de melhoria na receita por funcionário.[60]

Empresas como Xerox, AT&T, Goldman Sachs e Bank of America, além da pioneira Google, atribuem a melhoria dos processos de trabalho ao uso do People Analytics na gestão de pessoas.[61]

Para o professor da San Francisco State University e especialista em gestão de recursos humanos John Sullivan, a experiência do Google mostra que o People Analytics na gestão

---

[60] PEOPLE analytics trazendo soluções novas a problemas antigos. **Mindsight**, 26 mar. 2021. Disponível em: https://mindsight.com.br/blog/o-que-e-people-analytics-novas-solucoes/. Acesso em: 15 abr. 2023.

[61] PEOPLE analytics, a fronteira tech na gestão de RH. **HSM Experience**, s. d. Disponível em: https://experience.hsm.com.br/trails/hsm-summit-2017-leadership-innovation/post/people-analytics-a-fronteira-tech-na-gestao-de-rh. Acesso em: 22 fev. 2023.

de pessoas possibilita definir as características das melhores lideranças e explorar melhor o papel dos gestores.[62]

É necessário, sim, que todos os colaboradores sejam escutados individualmente. No entanto, você não pode se limitar a isso. Tenha uma visão do todo, já que, ao se preocupar com um problema individual, é apenas ele que você enxerga. Se o seu foco é dados, você vê uma enorme quantidade de indivíduos. Isso é valioso!

Mas como praticar a gestão por dados com o People Analytics?

1. *Colete dados e unifique seu armazenamento*
   A maior parte das empresas retém dados abundantes sobre os colaboradores, mas de modo descentralizado: as informações cadastrais ficam com o RH; os detalhes bancários destinam-se ao setor financeiro; e o gestor detém tudo o que se relaciona à performance do colaborador.
   Não é assim que você deve fazer. A liderança precisa traçar um perfil de cada colaborador, com todas as informações sobre ele.
   No ambiente unificado de armazenamento desses dados é preciso organizar os registros. Estas são as principais divisões que devem ser feitas:

   - Tipo de informação;
   - Setor;
   - Colaborador.

---

[62] SULLIVAN, J. How Google became the #3 most valuable firm by using people analytics to reinvent HR. **Dr. John Sullivan**, 25 fev. 2013. Disponível em: https://drjohnsullivan.com/articles/how-google-became-the-3-most-valuable-firm-by-using-people-analytics-to-reinvent-hr/. Acesso em: 22 fev. 2023.

A dica 4 vai auxiliar você nisso.

2. *Colete o ponto de vista dos colaboradores (avaliação de desempenho, eNPS, pesquisa de clima)*
   - Avaliação de desempenho: mede a evolução das habilidades técnicas e comportamentais do colaborador;
   - eNPS: determina o nível de satisfação dos colaboradores com a empresa;
   - Pesquisa de clima: revela o clima do ambiente de trabalho, que impacta na motivação e no engajamento dos times.

   Essas pesquisas, bem como as reuniões 1:1, ajudarão as lideranças a entender melhor as motivações e necessidades de cada colaborador. Isso é essencial para alavancar o desempenho, já que todos precisam de incentivos e ter seus problemas resolvidos.

3. *Mantenha o histórico dos dados e faça análises com base neles*
   É aqui que você começa a brilhar. De que adiantaria um gestor saber o desempenho, mas não ter o conhecimento de outras informações sobre um colaborador? Por exemplo, se um colaborador está com baixo desempenho, pode ser fácil pensar: *Então ele deve ser dispensado.* No entanto, ao ter uma visão do todo, a liderança descobre que o baixo engajamento está ligado a uma remuneração estagnada há muito tempo ou a problemas apontados que não foram resolvidos. Com base nesse tipo de análise, gestores obtêm um norte e conseguem resolver problemas de uma maneira mais informada.

4. *Conte com a tecnologia e ferramentas*
   Nos primeiros meses utilizando a metodologia People Analytics, uma tabela de Excel é o suficiente para

COMO SABER SE VOCÊ ESTÁ INDO BEM?

coletar dados e fazer análises. No entanto, com o aumento dessas informações, será preciso fazer uso de um software que apoie as ações desse método. Na hora de buscar essa ferramenta, certifique-se de que ela:

- Aceita dados em diferentes formatos (fotos, PDF, arquivo de texto, CSV);
- Tem gestão de acessos, permitindo que cada nível explore apenas os dados necessários para sua função;
- É hospedada em um servidor seguro e mantém backup da base de dados;
- Apresenta *dashboards* (painéis) e gráficos de fácil análise;
- Permite utilizar diferentes filtros e acessos simultâneos;
- Está em conformidade com a Lei Geral de Proteção de Dados.

O objetivo da análise de dados de pessoas na organização é identificar problemas e oportunidades. Por exemplo, com o eNPS você pode notar um baixo engajamento entre os funcionários de determinado setor da empresa. Ou, talvez, perceber uma oportunidade de promover certos talentos para uma posição de maior responsabilidade, que possa alavancar o engajamento das equipes. No entanto, não enxergue esses dados como uma solução milagrosa. As informações cruas não servem para nada se não houver análise qualificada e ações concretas.

Na gestão de pessoas, as métricas ajudam a identificar os resultados que são mais importantes para a organização, conectando o desempenho dos negócios ao desempenho das pessoas, mas é necessário compreender que dados, por si só, são apenas números. O grande passo é alinhar essas informações aos desafios e objetivos do negócio. Somente assim será possível desdobrá-los como métricas de acompanhamento de performance e promover uma gestão de desempenho mais eficiente.

DICAS PRÁTICAS PARA FAZER GESTÃO DE DESEMPENHO

- Tenha objetividade: os alinhamentos entre gestores e liderados devem ser claros e precisos;
- Realize sempre a avaliação de desempenho;
- Adote métricas e indicadores que apontem como está a evolução do colaborador em relação ao desempenho das metas da empresa;
- Trace PDIs: todos os colaboradores devem ter a oportunidade de se desenvolver no decorrer de sua trajetória profissional com a empresa;
- Centralize todas as informações em um único local: PDIs, OKRs, avaliações de desempenho, entre outros documentos, devem estar sempre à mão e ser sempre consultados por todas as partes;
- Crie rituais para que todos os colaboradores possam ser atualizados periodicamente sobre os planos da empresa, não apenas no *onboarding*.

Vale lembrar que a gestão de desempenho é um processo cíclico: deve ter começo, meio, fim e recomeço!

No livro *Reinvente sua empresa*[63], os autores dizem algo que pode parecer polêmico, mas faz todo sentido: planejar é adivinhar. Por melhores que sejam seus planejamentos, tenha o seguinte em mente: isso é especulação, não uma certeza do que vai ocorrer. Foque a parte do trabalho que pode ser executada, não projeções fantasiosas.

Os dados servirão para ter acesso à realidade concreta. Quando você adota essa mentalidade, preocupando-se com o cenário atual real, e não o idealizado, fica mais fácil liderar.

---

[63] FRIED, J.; HEINEMEIER, D. **Reinvente sua empresa**. Rio de Janeiro: Sextante, 1996.

QUANDO UM GESTOR ESTABELECE OKRS, DÁ FEEDBACKS, MAS NÃO VÊ SUCESSO, É POR UMA RAZÃO PRINCIPAL: FALTA GESTÃO DE DESEMPENHO.

Capítulo 8

Ao ler a palavra "diversidade", talvez venham à sua mente os diversos debates políticos e identitários que estão em voga na sociedade nos últimos anos. E, dependendo do seu posicionamento diante disso, você vire o rosto para este tópico.

Nós, porém, não estamos aqui para lhe entregar um panfleto ideológico. Este capítulo traz dados e práticas coerentes com a felicidade no ambiente de trabalho que promovemos. Mostraremos de que forma a diversidade, muito além de uma bandeira, é a chave para uma empresa bem-sucedida, lucrativa e feliz.

DIVERSIDADE E INCLUSÃO NÃO SÃO A MESMA COISA

Diversidade e inclusão são termos frequentemente confundidos no local de trabalho por serem usados quase sempre juntos. Ambos são conceitos diferentes, porém importantíssimos para o recrutamento, a retenção de funcionários e todo o progresso de uma organização.

Diversidade não se resume apenas aos dados demográficos, tais como etnia, gênero e nacionalidade. Na verdade, tem a ver com nossas diferenças e como essa pluralidade enriquece um ambiente. **Essas diferenças podem ser culturais ou até de personalidades, maneiras de pensar e referências culturais.**

Inclusão é o ato de fazer com que a diversidade tenha espaço, seja respeitada e fomentada. Ou seja, é fazer com que as pessoas diversas se sintam confortáveis e valorizadas em um ambiente para expressar suas opiniões e oferecer soluções. Portanto, não se trata de filantropia. É uma demanda prática.

Como assim?

Um estudo de 2011 revelou que mulheres sofriam 47% mais chances de graves ferimentos em batidas de carro. Por quê? O cinto de segurança projetado por e para homens não funciona da mesma forma para elas. E esse problema ainda não foi resolvido.[64] Esse case apenas comprova que, se não houver diversidade e inclusão no seu negócio, você está sujeito a cometer erros crassos.

É muito importante que, antes que uma empresa atualize sua cultura, a liderança tenha um entendimento claro das diferenças entre esses termos e saiba por que eles são importantes. Portanto, aqui veremos em detalhes as aplicações da diversidade e da inclusão no ambiente de trabalho.

O QUE É DIVERSIDADE NO LOCAL DE TRABALHO?

A diversidade no local de trabalho se refere à variação nas características pessoais, físicas e sociais; por isso, é essencial compreender, aceitar e valorizar essas diferenças em seus colaboradores. Essas características incluem:

- Etnia;
- Gênero;
- Idade;
- Formação;
- Cultura;
- Capacidade física e intelectual;
- Religião;
- Orientação afetiva.

---

[64] LIRA, C. Risco de morte de mulheres em colisões é 17% maior que o dos homens. **IG Carros**, 16 fev. 2021. Disponível em: https://carros.ig.com.br/2021-02-16/risco-de-morte-de-mulheres-em-colisoes-e-17-maior-que-o-dos-homens.html. Acesso em: 23 jan. 2023.

Ou seja, a verdadeira diversidade no local de trabalho abrange todos os elementos que tornam uma pessoa única. E, para que ele seja diverso, não podemos discriminar os candidatos com base em características pessoais, como as citadas anteriormente.

Quando temos em nosso time talentos com diferentes características e origens, promovemos a inovação e criamos um ambiente fomentador de ideias "fora da caixa".

O QUE É INCLUSÃO NO MERCADO DE TRABALHO?

De acordo com a Prática de Diversidade Global: "inclusão é um esforço e práticas organizacionais em que diferentes grupos ou indivíduos com origens diferentes são cultural e socialmente aceitos e bem-vindos, e tratados com igualdade".[65] Em outras palavras, inclusão refere-se aos procedimentos que as empresas implementam para integrar todos no local de trabalho, permitindo que suas diferenças coexistam de maneira benéfica.

O objetivo das estratégias de inclusão é fazer com que todos se sintam aceitos e à vontade, prontos para compartilhar suas opiniões e pensamentos sem sentir medo, removendo as barreiras que possam existir por causa de discriminações e intolerância.

Uma situação de inclusão seria o fornecimento de bebidas não alcoólicas em eventos da empresa para aqueles que não

---

[65] COMO as empresas podem ser reconhecidas como inclusivas. **IIGUAL: Inclusão e Diversidade**, 16 ago. 2021. Disponível em: https://iigual.com.br/blog/2021/08/15/como-as-empresas-podem-ser-reconhecidas-como-inclusivas/ Acesso em: 22 fev. 2023.

bebem por causa de suas crenças. Ou, então, opções de comidas vegetarianas às pessoas que não comem carne.

É importante que o código de vestimenta da empresa jamais restrinja penteados naturais de pessoas negras. O negócio também precisa ter em mente que religiões diferentes têm datas importantes diferentes, e isso deve ser considerado no calendário da organização. Essas são algumas maneiras de criar um ambiente inclusivo.

VAMOS ALÉM: O QUE É EQUIDADE NO LOCAL DE TRABALHO?

É difícil falar de diversidade e inclusão sem abordar o tema equidade. Mas o que é isso? Equidade é um estado de imparcialidade. No local de trabalho, isso se traduz em um espaço igual para todos.

A *Forbes* descreve equidade desta forma:

> quando todos os funcionários estão fortalecidos e se sentem fortalecidos para trazer seus pensamentos e ideias únicas para a mesa, eles sabem que estão sendo valorizados igualmente [...] equidade é o que acontece quando todos os membros de uma população diversificada de funcionários têm oportunidades iguais e apoio para ter sucesso e crescer.[66]

---

[66] LINK, J. The difference between workplace equity and equality, and why it matters. **Forbes**, 15 ago. 2019. Disponível em: https://www.forbes.com/sites/forbeshumanresourcescouncil/2019/08/15/the-difference-between-workplace-equity-and-equality-and-why-it-matters/?sh=4f8b932a3d31 Acesso em: 23 jan. 2023.

Assim, equidade é reconhecer que nem todos têm o mesmo ponto de partida; por isso, não podemos afirmar que todo mundo tem a mesma oportunidade. Em vez disso, ações precisam ser tomadas para facilitar suas trajetórias na prática e reparar injustiças históricas.

Um exemplo nesse sentido é a criação de vagas afirmativas para pessoas negras. Falamos sobre o assunto no webinar INCRÍVEL disponibilizado no QR Code a seguir! Dá uma olhada:

PARA ACESSAR AOS NOSSOS WEBINARS É FÁCIL! BASTA APONTAR A CÂMERA DO CELULAR PARA OS QR CODES APROVEITAR.

https://youtu.be/kWYwCz5GCY8
https://youtube.com/watch?v=-AcDB16khoQ

Neste capítulo, nós não vamos nos aprofundar no assunto de equidade, mas achamos essencial trazer essa definição porque é um termo que também pode ser confundido com diversidade e inclusão. Agora que temos isso explicado, vamos seguir em frente.

QUAL A DIFERENÇA ENTRE DIVERSIDADE E INCLUSÃO NO LOCAL DE TRABALHO?

De acordo com o Great Place To Work®, referência no assunto quando se trata de ótimos lugares para se trabalhar,

> a diferença entre diversidade, inclusão e pertencimento é que a diversidade é a representação de diferentes pessoas em uma organização, inclusão é a garantia de que todos tenham oportunidades iguais de contribuir e influenciar todas as partes e níveis de um local de trabalho e pertencer é a garantia de que todos se sintam seguros e podem trazer seu eu completo e único para o trabalho.[67]

Um recrutador que superou seus preconceitos inconscientes vai conseguir contratar pessoas com perfis distintos e formar uma equipe diversa. Se elas se sentem valorizadas, respeitadas e capazes de contribuir igualmente para o time, a empresa obtém sucesso em acolhê-las por meio de políticas e cultura inclusiva.

Em suma, diversidade e inclusão andam lado a lado. Inclusão é o esforço consciente que as organizações fazem para apoiar a diversidade.

BENEFÍCIOS DA DIVERSIDADE E INCLUSÃO NA EMPRESA

A diversidade e a inclusão no local de trabalho são peças fundamentais para reter talentos e aumentar a receita da empresa.

---

[67] BUSH, M. why is diversity & inclusion in the workplace important? **Great Place To Work**, 13 abr. 2021. Disponível em: https://www.greatplacetowork.com/resources/blog/why-is-diversity-inclusion-in-the-workplace-important. Acesso em: 23 jan. 2023.

Uma pesquisa sobre cultura organizacional[68] revela que quando os funcionários confiam que eles e seus colegas serão tratados com justiça, independentemente de raça, gênero, orientação sexual ou idade, eles são:

- 9,8 vezes mais propensos a querer trabalhar;
- 6,3 vezes mais propensos a ter orgulho de seu trabalho;
- 5,4 vezes mais propensos a permanecer muito tempo na empresa.

Além disso, uma cultura de trabalho inclusiva e diversa tem os seguintes benefícios:

- A diversidade de ideias, experiências e origens aumenta a criatividade e, como consequência, impulsiona a inovação;
- A diversidade leva a um número de talentos maior, enquanto a inclusão garante uma porcentagem maior de retenção de talentos;
- A aceitação gerada pela inclusão no ambiente de trabalho deixa os colaboradores mais felizes, aumentando a produtividade e o desempenho do time;
- Diversas empresas geram receitas maiores ao conquistar novos mercados;
- As políticas de inclusão reduzem a porcentagem de assédio no local de trabalho.

---

68 OLIVEIRA, P. A diversidade e inclusão e sua relação com o mercado atual. **RH pra você**, 1 set. 2022. Disponível em: https://rhpravoce.com.br/colab/a-diversidade-e-inclusao-e-sua-relacao-com-o-mercado-atual/. Acesso em: 22 fev. 2023.

COMO APLICAR NA EMPRESA A DIVERSIDADE E INCLUSÃO

1. *Esteja atento ao preconceito inconsciente*
   Entender o preconceito e criar consciência é o primeiro passo para uma mudança real, pois você fica atento a esse julgamento nocivo que pode se manifestar de diferentes formas no seu dia a dia, de modo inconsciente. Os gestores podem começar a abordar isso conversando com os colaboradores a respeito de como as pessoas são afetadas por preconceitos inconscientes e quais ações continuam a reforçá-los. Uma maneira de criar consciência e lidar com o preconceito é incentivar cada funcionário a revisar, questionar e analisar seus próprios julgamentos e suposições, quem sabe até registrando suas observações em um diário do pensamento.
   O Efeito Halo é um dos exemplos mais comuns de preconceito inconsciente. Ele acontece quando o desempenho ou caráter de alguém é generalizado com base em apenas um evento ou característica pessoal.[69] Por exemplo, se um colega de trabalho usa uma frase específica da qual não gostamos, podemos, inconscientemente, desgostar das muitas outras coisas que essa pessoa vai falar e até mesmo rejeitar os resultados positivos que ela traz para a empresa.

---

[69] EFEITO Halo: o que é e como evitar na avaliação e desempenho. **Rock Content**, 10 mar. 2020. Disponível em: https://rockcontent.com/br/blog/efeito-halo/. Acesso em: 22 fev. 2022.

2. *Promova igualdade salarial*
Os gestores devem equilibrar a balança e fornecer oportunidades justas para cada funcionário. Inclusive, é possível que aproveitem essa análise para identificar quais colaboradores são mal pagos por funções ou responsabilidades semelhantes.
A People Analytics pode ajudar os gestores a reconhecer qualquer desigualdade salarial que exista em sua equipe e, com essas informações, avaliar os padrões em vários departamentos para chegar à raiz dos problemas subjacentes. Essa percepção pode auxiliá-los a reunir padrões ou tendências que existem quando certos grupos de funcionários – mulheres, por exemplo – não estão sendo pagos de forma justa.

3. *Facilite o feedback contínuo*
O feedback contínuo e a implantação de pesquisas de clima em toda a empresa vai fornecer aos líderes as informações necessárias para reduzir ou eliminar qualquer padrão de discriminação ou preconceito. Pode ser que exista algum funcionário se sentindo discriminado por outros colegas e a liderança não saiba. Assim como ele também pode se sentir discriminado pela própria liderança.
O feedback anônimo por meio de uma pesquisa de clima pode ajudar a construir um caso para tomar medidas imediatas em questões menores e mais urgentes, bem como informar estratégias a longo prazo. Também pode ser interessante contar com uma ouvidoria interna para receber denúncias anônimas ou relatos de episódios de abuso de poder ou discriminação.

> UM TIME SEM DIVERSIDADE JÁ NASCE FRACASSADO

Os líderes e gerentes de RH podem incentivar os funcionários a usar essas ferramentas de engajamento e check-in para facilitar as conversas e comunicar de modo transparente como estão se sentindo.

4. *Desenvolva um programa de treinamento estratégico*
O treinamento de diversidade e inclusão ajuda os funcionários a compreender como as diferenças podem afetar a maneira como as pessoas trabalham e interagem no trabalho. Esse treinamento pode abranger qualquer aspecto, desde estilos de comunicação até como lidar com conflitos. Nesse sentido, o treinamento de diversidade e inclusão oferecido como opcional tende a ser mais eficaz do que aquele que é obrigatório.
É fundamental que os líderes comuniquem o motivo do treinamento, os problemas que estão sendo resolvidos e as ações ou mudanças que precisam ser feitas. Isso vai ajudar cada pessoa a entender como os aprendizados se relacionam com os objetivos mais amplos da empresa.

5. *Melhore o* onboarding *e a integração*
O *onboarding* e a integração de um novo funcionário são fundamentais para a construção de uma equipe diversificada e inclusiva, conforme abordado em capítulos anteriores. Esse momento serve não apenas para fazer um novo funcionário se sentir bem-vindo como também para prepará-lo para o sucesso e ajudá-lo a conhecer outros colegas.
Para que a integração seja inclusiva, é necessário reconhecer que esses processos também podem ser tendenciosos, mesmo que inconscientemente. Ou

seja, você não é um monstro, mas tem seus vieses. O diferencial é ter consciência deles.

O FUTURO DA DIVERSIDADE E INCLUSÃO NAS EMPRESAS

É importante que as empresas reconheçam o papel-chave que desempenham no sucesso geral do futuro. Assim, construir um ótimo local de trabalho que abrace a diversidade e a inclusão não pode ser feito por meio de uma única ideia ou treinamento. É um esforço constante da equipe de liderança, que se estende a todos os colaboradores.

No entanto, os benefícios para as empresas que abraçarem essa movimentação são vários: ambientes de trabalho diversificados, equitativos e inclusivos, além de serem inovadores, atraem grandes talentos, pois, como mencionamos nos primeiros capítulos, os candidatos das novas gerações procuram espaços que se alinham com seus valores.

Para esse movimento acontecer, é necessário um processo de avaliação de processos e conversas difíceis, mas, com boa intenção e transparência, qualquer empresa pode se transformar em um lugar mais feliz (e plural) para trabalhar.

PARA QUE A INTEGRAÇÃO SEJA INCLUSIVA, É NECESSÁRIO RECONHECER QUE ESSES PROCESSOS TAMBÉM PODEM SER TENDENCIOSOS, MESMO QUE INCONSCIENTEMENTE. OU SEJA, VOCÊ NÃO É UM MONSTRO, MAS TEM SEUS VIESES. O DIFERENCIAL É TER CONSCIÊNCIA DELES.

Capítulo

9

SAÚDE MENTAL NÃO É MIMIMI

É fato que a saúde mental dos colaboradores tem o poder de impactar positiva ou negativamente os resultados de uma empresa. Trabalhadores passando por problemas emocionais, como ansiedade e depressão, são menos produtivos e têm mais conflitos interpessoais.

Tendo isso em mente, é confortável para algumas empresas pensar na seguinte solução: *Já sei! Basta fazermos testes psicológicos no processo de recrutamento. Assim, evitaremos contratar pessoas com problemas emocionais.*

Muitas dessas organizações parecem não enxergar a possibilidade de elas mesmas estarem causando tais danos à integridade mental dos colaboradores e, pior, ignoram os dados alarmantes em relação à síndrome de *burnout* e os crescentes afastamentos por motivos psiquiátricos no mundo profissional.

É importante ressaltar que as companhias não são responsáveis pelos problemas emocionais que os colaboradores têm fora da organização. Por exemplo, se um dos seus colaboradores passou por um trauma na infância, é importante ter empatia, mas isso não significa que você deva arcar com os custos de tratá-lo.

No entanto, quando é a sua empresa que gera os traumas, ela deve não apenas se responsabilizar como também fazer o possível para evitar que tais problemas ocorram novamente. A maior parte das organizações diz ter planos de cuidar da saúde mental dos colaboradores, mas são poucas as que tomam medidas para, de fato, fazê-lo.

Este capítulo abordará como a saúde mental pode ser priorizada em uma organização, conscientizando sobre as emoções humanas, atentando para a falta de diálogo e ensinando como prevenir a ocorrência de qualquer assédio moral dentro de uma empresa.

A IMPORTÂNCIA DA CONSCIÊNCIA EMOCIONAL

Quando pessoas da geração dos *baby boomers* falam que a nova geração é cheia de "mimimi", elas estão se referindo a uma suposta fraqueza na constituição emocional dos mais novos. Segundo elas, as gerações antigas eram mais práticas, não tinham frescura e conseguiam trabalhar mesmo passando por muitas dificuldades, como a pobreza extrema e o pesado trabalho braçal.

Por mais que isso seja verdade, tornando os nossos pais e avós dignos de elogios, precisamos ter o seguinte em mente: a pobreza extrema e o pesado trabalho braçal ainda existem, mesmo entre a "geração mimimi". No entanto, as gerações mais antigas não tinham consciência dos impactos que as dificuldades externas exerciam no mundo interno de cada um.

Por isso, é importante ressaltar: **não é porque você não enxerga uma ferida que ela não exista.** Ou seja, podemos dizer que os problemas emocionais são como hemorragias internas: as consequências existem e matam o organismo aos poucos, mas você não enxerga o problema a olho nu.

E a geração mais nova, com acesso à internet e mais formas de conhecimento, tem cada vez mais consciência dos impactos emocionais que sofre e, também, que os pais sofreram sem perceber.

QUAIS SÃO AS CONSEQUÊNCIAS DE NÃO TER INTELIGÊNCIA EMOCIONAL E RESPONSABILIDADE?

Quando não temos consciência das nossas emoções, tendemos a viver alienados de nós mesmos e tomamos decisões impulsivamente. Pode parecer complexo, mas é muito simples: boa parte das pessoas é guiada pelas próprias emoções, então acredita que, se em um belo dia está infeliz no trabalho, precisa pedir demissão e seguir o impulso de fazer outra coisa da vida.

Será que essa é a decisão correta? Pode até ser, mas não é apenas a emoção que deveria guiar essa decisão. Imagine se alguém decidisse tudo apenas nos momentos de tristeza! Esse indivíduo poderia estar, literalmente, morto.

Cada um precisa ter consciência das próprias emoções e, mais que isso, das razões para estar se sentindo como está. É isto que chamamos de inteligência emocional: conseguir gerenciar as próprias emoções, sentimentos, pensamentos e comportamentos.

Mas é necessário atenção: apesar de todos precisarmos ser inteligentes nesse sentido, também é verdade que muitos gestores querem atribuir a culpa pelos transtornos mentais apenas aos colaboradores, pois "lhes falta inteligência emocional". No entanto, reflita: faz sentido dar um soco no rosto de alguém e reclamar que a culpa da dor é dele, que não fez aulas de defesa pessoal?

É lógico que é importante que todos desenvolvam inteligência emocional, mas a gestão deve se certificar de que não está adotando posturas, metas e valores tóxicos.

É por isso que vamos por partes.

O QUE SÃO EMOÇÃO, SENTIMENTO, PENSAMENTO E COMPORTAMENTO?

Por mais que alguns confundam, emoção e sentimento são conceitos diferentes. Segundo António Damásio, neurocientista português, a diferença é a seguinte:

> a emoção é um programa de ações, portanto, é uma coisa que se desenrola com ações sucessivas. É uma espécie de concerto. Não tem nada a ver com o que se passa na mente. É despoletada pela mente, mas acontece com ações que ocorrem dentro do corpo, nos músculos, coração, pulmões, nas reações endócrinas. Sentimentos são, por definição, a experiência mental que nós temos do que se passa no corpo. É o mundo que se segue (à emoção). Mesmo que se dê muito rapidamente, em matéria de segundos, primeiro são ações e pode-se ver sem nenhum microscópio. Você pode me ver tendo uma emoção, não vê tudo, mas vê uma parte. Pode ver o que se passa na minha cara, a pele pode mudar, os movimentos que eu faço etc. enquanto o sentimento você não pode ver. O sentimento eu tenho e você não sabe se eu tenho ou não tenho.[70]

De maneira simples, podemos dizer o seguinte: **a emoção acontece em seu corpo; o sentimento acontece em sua mente**. Quando você se envergonha, as bochechas ficam rosadas – é uma emoção. Quando você se envergonha, também fica triste – é um sentimento.

E sabe as vozes em sua cabeça? Não, não são: são os seus pensamentos, que surgem de modo automático de acordo com os estímulos externos e os próprios pensamentos, sentimentos e emoções.

---

[70] DAMÁSIO, A. Emoção ou sentimento? Mental ou comportamental? António Damásio explica a organização afetiva humana. **Fronteiras**, dez. 2015. Disponível em: https://www.fronteiras.com/leia/exibir/emocao-ou-sentimento-mental-ou-comportamental-antonio-damasio-explica-a-organizacao-afetiva-humana. Acesso em: 23 jan. 2023.

E comportamento são as suas ações. Você não tem total controle sobre pensamentos, sentimentos e emoções. No entanto, tem total controle a respeito de como se comporta – e é por isso que focamos essa parte.

No entanto, para se comportar como um bom líder, é necessário entender a influência das emoções nesses comportamentos.

NÃO SÃO APENAS SEUS COLABORADORES QUE TÊM EMOÇÕES. AS SUAS INFLUENCIAM TODO O TIME

Chegamos à parte mais importante do livro. Sem entender os efeitos que você, no papel de líder, tem nas pessoas feridas, não será possível liderar nem extrair resultados positivos de uma empresa.

A verdade é que o líder não diz apenas o trabalho a ser feito, mas influencia muito em como será realizado e com quais emoções isso ocorrerá. Segundo artigo de Daniel Goleman e Richard Boyatzis, "entre todos os elementos que afetam o desempenho do resultado financeiro, o humor e o comportamento do líder são os mais surpreendentes. Esse poder pode dar início a uma reação em cadeia: ambos direcionam o humor e o comportamento de todos que estão em volta desse líder".[71]

Na prática, o que isso significa? Os autores explicam: "um chefe mal-humorado e rude cria uma organização tóxica, cheia de pessoas malsucedidas e negativas, que ignoram

---

[71] GOLEMAN, D. Leadership that gets results. **Harvard Business Review**, mar.-abr. 2000. Disponível em: https://hbr.org/2000/03/leadership-that-gets-results. Acesso em: 22 fev. 2023.

oportunidades. Um líder inspirador e inclusivo gera seguidores para os quais qualquer obstáculo é transponível. O elo final da cadeia é desempenho: lucro ou prejuízo".

Isso ocorre porque o sistema límbico, responsável por nossas emoções, é uma espécie de circuito aberto, o que quer dizer que nossas emoções são influenciadas por fatores externos, entre os quais o humor de quem está ao nosso redor.

Pois é. Há uma explicação científica para quando alguém entra na sala e o clima fica pesado: a ressonância emocional, conforme explicado pelo doutor Richard Boyatzis.[72]

Talvez você diga: "Mas isso é óbvio!". No entanto, quando olhamos para a prática das organizações, percebemos que os líderes ou não entendem esse fato ou o compreendem de modo meramente superficial. Os estudos nessa temática datam de décadas atrás, mas pouco mudou.

Sabendo, então, que suas emoções influenciam a equipe, precisamos ir mais fundo neste assunto.

QUAL É A RAZÃO DAS SUAS EMOÇÕES NEGATIVAS?

Este livro não tem a intenção de substituir seu processo de autoconhecimento. No entanto, podemos apontar caminhos para facilitar esse movimento, conforme faremos no próximo tópico, após explicarmos algumas das emoções mais comuns.

---

[72] 12 ELEMENTOS da inteligência emocional: qual você precisa desenvolver? **Época Negócios**, 21 mar. 2017. Disponível em: https://epocanegocios.globo.com/Carreira/noticia/2017/03/12-elementos-da-inteligencia-emocional-qual-voce-precisa-desenvolver.html. Acesso em: 22 fev. 2023.

Um dos grandes vilões de quem tem uma rotina intensa é o "sequestro da amígdala", ou sequestro emocional. Daniel Goleman, em seu livro *O cérebro e a inteligência emocional: novas perspectivas*,[73] descreve esse fenômeno. Enquanto o córtex pré-frontal é a região do cérebro responsável pelo que chamamos de decisões racionais, ou seja, comportamentos conscientes, a amígdala é uma região de emoções instintivas. E, durante o sequestro, é como se a amígdala apagasse as decisões conscientes, nos dando acesso apenas às emoções.

Ou seja, quando um problema surge, a amígdala – região cerebral responsável por emoções – rouba as atenções para ela. Isso faz com que você acredite estar diante de um problema incontornável, agindo de maneira alarmista, com os nervos à flor da pele.

Quando temos consciência de que essa reação inicial é enganosa e prejudica a racionalidade, aprendemos que podemos (e devemos) esperar e exercitar a paciência. Precisamos dizer a nós mesmos: "Não acredite na amígdala. Espere um pouco e logo pensaremos juntos em uma solução".

Ocorre algo semelhante em situações de ansiedade, grandes pressões externas e até mesmo pequenos conflitos internos. Os estudos de Richard Boyatzis mostram algo aterrorizante: se você estiver com muita ansiedade por causa de um problema com seu cônjuge, é como se os liderados sentissem o peso desse problema mesmo sem passar por ele.

Pois é, seus problemas não ficam na porta de entrada do prédio. Não é razoável exigir isso de você.

---

[73] GOLEMAN, D. **O cérebro e a inteligência emocional**: novas perspectivas. Rio de Janeiro: Objetiva, 2012.

Você só pode agir de acordo com o que consegue, de fato, controlar: a forma como age diante de suas emoções. Quando se comportar de maneira positiva ao ter plena consciência de suas emoções, dizemos que tem inteligência emocional. E esse tipo de inteligência emocional deve ser praticado por todos os líderes e liderados. Não é fácil, mas é um passo importante para contagiar o time com seu bom humor.

No entanto, surge um problema.

CHEFES MUITO POSITIVOS PODEM SER VISTOS COMO BOBOS

Não se engane, muito menos engane os outros. Decorar meia dúzia de frases de efeito e fingir que está feliz com um sorriso no rosto não resolve o problema, muito menos causa efeitos positivos na equipe. Na verdade, estudos demonstram que somos capazes, por causa dos neurônios-espelho, de decifrar se estamos diante de um sorriso sincero ou falso.[74]

Fingir positividade pode fazer você parecer, na verdade, um bobo, reduzindo o respeito que a equipe tem por você. Afinal, ninguém quer ser liderado por um iludido que mascara as próprias emoções na tentativa de nos iludir também.

O ponto deste capítulo não é esse. Na verdade, ser "positivo" é ser otimista e realista. Pessoas otimistas e realistas são orientadas pela razão e pela vontade de fazer com que

---

[74] É POSSÍVEL simular um sorriso sincero? **Supera**. Disponível em: https://www.superaonline.com.br/noticias/e-possivel-simular-um-sorriso-sincero/. Acesso em: 23 mar 2023.

as coisas deem certo, mesmo que não estejam sorrindo o tempo todo. É esse tipo de humor que é contagiante – e ele não pode ser falsificado.

OS 5 PASSOS PARA UMA BOA LIDERANÇA

1. *Quem você quer ser?*
   Queremos que você idealize a gestão perfeita e que se lembre da melhor liderança que já teve. Além disso, queremos que tenha em mente as piores características que já observou em líderes ruins.
   Agora nos diga: Quem você quer ser? É assim que você descobre seu objetivo a longo prazo.

2. *Quem você é?*
   Queremos que você se localize sobre quem é, sobre seu estilo de liderança e como tem interagido com colaboradores. É importante entender as suas nuances e até mesmo propor um feedback com o seu time. Vale ressaltar que aqui é o momento de não mentir para si mesmo ou se enganar: entenda que qualquer crítica, mesmo que venha de uma forma inadequada, é útil para sua melhoria.

3. *Como você se torna quem quer ser?*
   Faça um plano de ação. Pode ser difícil aceitar que você tem pontos de melhoria, mas é apenas ao reconhecer esse fato que conseguirá formular um plano para agir e se tornar um líder melhor.

4. *Como fazer para que a mudança permaneça?*
   Você pode consertar o grande problema de um carro, mas não pode abandoná-lo após o conserto: é necessária a manutenção.

Conosco ocorre de modo semelhante: se não tomarmos cuidado, nenhuma mudança positiva permanecerá. Então, em seu plano de ação, estabeleça formas de manter seus comportamentos positivos.

5. *Quem pode ajudá-lo?*
Não jogue seus sentimentos para debaixo do tapete. Lembre-se de que, fazendo isso, eles voltarão piores. Buscar ajuda de profissionais da saúde mental deixou de ser um estigma já no século passado. Hoje, reconhecemos que todos, em momentos distintos da vida, precisam de tal acompanhamento, inclusive líderes responsáveis por grandes grupos de pessoas. Então, responda a esta pergunta: Quem pode ajudá-lo na mudança que você almeja? Quem pode ajudar você a desenvolver inteligência emocional?

UTOPIA?

Segundo a pesquisadora Brené Brown, a felicidade é provavelmente a emoção mais difícil de ser sentida.[75] Por quê? Porque, para sermos felizes, precisamos estar abertos. Quando estamos na defensiva, a felicidade é rara. E, em um mundo em que nos sentimos pouco seguros, é comum que fiquemos 24 horas por dia na defensiva.

O objetivo de todo líder é criar um ambiente em que as pessoas se sintam seguras, para que, então, todos possam se abrir à felicidade. Um local livre do estresse da

---

[75] SODRÉ, R. 'A felicidade é a emoção mais difícil de realmente se sentir'. **O Tempo**, 13 mar. 2014. Disponível em: https://www.otempo.com.br/mobile/interessa/a-felicidade-e-a-emocao-mais-dificil-de-realmente-se-sentir-1.806752?amp. Acesso em: 23 jan. 2023.

competitividade, dos traumas da injustiça e das dores da frustração.

Somos imperfeitos. É claro que nunca teremos um ambiente perfeito, mas os verdadeiros líderes se destacam por continuar caminhando em direção a essa construção de felicidade em equipe.

O que o futuro nos reserva? Temos vislumbres e muitas movimentações no mercado. O metaverso, por exemplo, desponta no horizonte como mudança vindoura. Trata-se de um ambiente virtual compartilhado. Segundo a revista *Você RH*, "organizações estudam migrar reuniões – que hoje acontecem em plataformas de comunicação, como Teams e Zoom – para realidades virtuais".[76] Como nós reagiremos a esse tipo de novidade?

Este é o papel do gestor: descobrir tecnologias e utilizá-las, ou não, para o bem da equipe. Porque sabemos que tudo pode mudar de uma hora para a outra, mas nossos princípios devem permanecer constantes: e é com base nessa busca pela felicidade que escrevemos este livro.

---

[76] BORGE, I. Metaverso: como serão os processos seletivos e as reuniões nesse ambiente. **Você RH**, 28 jan. 2022. Disponível em: https://vocerh.abril.com.br/coluna/isis-borge/metaverso-como-serao-os-processos-seletivos-e-as-reunioes-nesse-ambiente/ Acesso em: 23 jan. 2023.

QUALQUER CRÍTICA, MESMO QUE VENHA DE UMA FORMA INADEQUADA, É ÚTIL PARA SUA MELHORIA.

Capítulo 10

AS 113 PESSOAS QUE NOS INSPIRAM E COLABORAM COM A COMUNIDADE DE RH E GESTÃO

O objetivo deste livro não é mudar a área de RH. **Queremos mudar as pessoas. E é de pessoas que o futuro do mercado de trabalho é feito.** Todo avanço da tecnologia e da inteligência artificial como, por exemplo, o ChatGPT, vem para empoderar ainda mais o ser humano. Assim como os dados que fortalecem nossa intuição.

Johnny C. Taylor Jr., CEO da SHRM, diz que "as profissões que cuidam da área de recursos humanos estão à frente de mudanças reais de cunho social e cultural. Existe, então, uma oportunidade para empregadores e empregados reconhecerem o poder inerente do RH e começarem a reimaginar o mundo do trabalho".[77] Conforme pesquisa realizada pela SHRM, apenas 26% dos trabalhadores dos Estados Unidos sentem que sua organização desenvolveu gestores mais eficientes, e somente 25% dos profissionais de RH definiram suas empresas como eficazes em recrutar talentos.[78]

O que esperar do futuro, então, quando levamos em conta esse cenário? De acordo com a The Josh Bersin Company, em suas análises de tendências para o ano de 2022,[79] haverá no mercado uma crescente valorização dos indivíduos, tendo como consequência recrutamentos internos nas empresas. A retenção e a aquisição de talentos são, desse modo, parte indispensável de qualquer RH.

Terminamos este livro compartilhando a seguir uma lista com profissionais que nos inspiram e vem colaborando

---

[77] SHRM presents State of the Workplace study. **SHRM**, 16 fev. 2022. Disponível em: https://www.shrm.org/about-shrm/press-room/press-releases/pages/shrm-presents-state-of-the-workplace-study.aspx. Acesso em: 23 jan. 2023.

[78] Idem.

[79] BERSIN, J. Predictions for 2022: Everything is about to change. **Josh Bersin**, 15 dez. 2021. Disponível em: https://joshbersin.com/2021/12/predictions-for-2022-everything-is-about-to-change/. Acesso em: 22 fev. 2023.

AS 113 PESSOAS QUE NOS INSPIRAM E COLABORAM COM A COMUNIDADE DE RH E GESTÃO

com a comunidade de RH e gestão. Sabemos que existem outras milhares de pessoas extremamente relevantes e que ainda não conhecemos, mas que gostaríamos muito de conhecer e acompanhar.

Esperamos que essa lista seja útil para você! E, se sentir falta de alguém, mande para nós na comunidade do WhatsApp. O propósito desta comunidade é reunir nossos leitores em um ambiente que estimule o networking e a aprendizagem coletiva e contínua.

PARA ACESSÁ-LA, BASTA APONTAR A CÂMERA DO SEU CELULAR PARA O QR CODE AO LADO!

https://chat.whatsapp.com/GjqmoE4lSUpIbSxfSil5Jt

Bora voar!

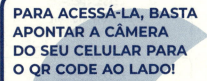

Alexandre Pellaes
Fundador da @exbossoficial

Aline Sousa
Diretora A.S Pessoas & Estratégias

Alexandre Souza
Gestor do Projeto Startup SC do SEBRAE

Amanda Graciano
Sócia e Head de Corporate Relation
Fisher Venture Builder

O SEGREDO DAS EMPRESAS DE SUCESSO

Amure Pinho
Fundador Investidores.VC

Ana Rezende
Talent Strategist - Astella Investimentos

Ana Chauvet
Linkedin Top Voice Carreira

Anderson Nielson
Gente e Gestão Stone

Ana Fontes
Fundadora Rede Mulher Empreendedora

André Castello
Mentor de Carreira | Orientação Profissional

Ana Lígia Bacca
Gerente de RH na Stefanini

André Souza
CEO at Futuro S/A

Ana Minuto
Co-criadora Potências Negras e Minuto Consultoria Diversidade e Inclusão

Andréa Greco
Diretora da Alcance Assessoria de Carreira

AS 113 PESSOAS QUE NOS INSPIRAM E COLABORAM COM A COMUNIDADE DE RH E GESTÃO

Andrea Schwarz
CEO na iigual Inclusão e Diversidade

Arthur Rufino
CEO na Octa

Andressa Paltiano
Specialist in Big Data for Human Resources

Bernardo Bicalho
Head of People & Culture Telecine

Andreza Maia
Co-Founder Futuros Possíveis

Bia Nóbrega
Chief of People Officer Banco Digio

Arlane Gonçalves
Consultora e Palestrante de Carreira, Diversidade e Comunicação

Bianca Amorim
Mentora de Tech Recruiters

Arthur Diniz
CEO and Founder at Crescimentum

Bruno Rodrigues
CEO at GoGood

O SEGREDO DAS EMPRESAS DE SUCESSO

Caio Barroso
Founder e Consultor na LÁ NA FIRMA

Carolina Ignarra
CEO e fundadora do Grupo Talento Incluir

Caio Infante
Co-founder Employer Branding Brasil

Carolina Martins
Fundadora CMF Carreira

Camila Bonetti
Head of People & Culture at Feedz

Carolina Okubo
Fundadora do PraCarreiras

Cammila Yochabell
CEO & Founder Jobecam

Carolina Pizolati Farah
Head of Consulting and Services - Plooral Brasil

Carlos Francis
CEO do Mundo RH

Celso Ferrari
Founder at GeekHunter

AS 113 PESSOAS QUE NOS INSPIRAM E COLABORAM COM A COMUNIDADE DE RH E GESTÃO

Dani Junco
CEO da B2Mamy

Eberson Terra
Autor do livro Carreiras Exponenciais

Daniele Matos
Fundadora & CEO RHLovers | Escola e Comunidade de RH

Eduardo Felix
EduAction - Treinamento para entrevistas de emprego com o RH e com o Gestor

Denise Brasil
Founder - DB Consultoria e Mentoria

Eliete Oliveira
Mentora em Recolocação e Orientação de Carreira

Denyze Santos
Consultora de Carreira

Elissandra da Mata
CEO Instituto RH na Prática

Diogo Garcia
Cofounder Confraria do Empreendedor

Fabio Rosé
CHRO - VP RH Dasa

O SEGREDO DAS EMPRESAS DE SUCESSO

Felipe Witt
Marketing Director Swile

Grazi Mendes
Head of Diversity, Equity & Inclusion @ThoughtWorks

Fernanda Quadros
Coordenadora de Gente na DALE

Guilherme Guimarães
Lider Movimento "Empresa com Propósito"

Gabriela Augusto
Diretora Fundadora Transcendemos Consultoria

Gustavo Leme
Regional Director & Partner at Tailor

Genesson Honorato
Inovação para RH na OLX Brasil

Gustavo Vitti
Chief People and Sustainability Officer at iFood

Giovani Buchelt
Diretor de Consultoria e Produtos de People Analytics na Numera

Hendrik Machado
CEO na Pontomais

AS 113 PESSOAS QUE NOS INSPIRAM E COLABORAM COM A COMUNIDADE DE RH E GESTÃO

Isabela Cavalheiro
Fundadora do Grupo Trhoca

João Kepler
CEO Bossanova Investimentos

Izabel Branco
Vice-presidente de Relações Humanas na TOTVS

Júlia Pacheco
Consultora de RH na Salt

Jackeline Camilo
HRBP Manager at iFood

Kelly Barra
Co-fundadora EBX e curso Profissão BP de RH

Jessica Martins
Founder e CEO People Academy

Kleber Piedade
CEO @MatchBox e Presidente da Associação Brasileira de Employer Branding

João Furlan
Co-founder HyperXP, CEO Enora Leaders, Managing Partner Rocket Mentoring School

Larissa Mendes
Co-fundadora EBX e curso Profissão BP de RH

O SEGREDO DAS EMPRESAS DE SUCESSO

Laura Widal
CEO na Salt

Lilian Sanches
Sócia Fundadora na Intentus

Leila Werlich
Talent Acquisition Leader Hydra Games

Lisiane Lemos
Secretária Extraordinária de Inclusão Digital e Apoio às Políticas de Equidade - Governo do Estado do Rio Grande do Sul

Léo Kaufmann
Head of RH Summit

Luciano Santos
Autor do livro Seja Egoísta com sua Carreira; Palestrante | Mentor | LinkedIn Top Voices 2020

Lessandro Sassi
Fundador e Consultor RH Academy

Lucy Nunes
Fundadora Prepara.me

Lilian Anacleto
Especialista em Departamento Pessoal e Fundadora do Coisas de RH

Ludymila Pimenta
Founder and CPO RHlab

AS 113 PESSOAS QUE NOS INSPIRAM E COLABORAM COM A COMUNIDADE DE RH E GESTÃO

Luis Lobão
Professor de Estratégia e Governança da HSM Educação Corporativa

Marcelo Nóbrega
Founder Você Está Contratado!

Luisa Escobar
Mentor | HR & People Strategy Chiefs. Group

Marco Ferelli
Founder at Allya

Luiz Felipe Massad
Chief Human Resources Officer na Omie

Marcos Piangers
Especialista em Futuro do Trabalho

Maite Schneider
Cofundadora da TransEmpregos

Maryana com Y
Founder Humor Lab - Especialista em bom humor

Marc Tawil
Estrategista de Comunicação; N° 1 LinkedIn Brasil Top Voices; Especialista em Futuro do Trabalho

Michele Martins
Chief People Officer @Neoway

O SEGREDO DAS EMPRESAS DE SUCESSO

Natália Soares
CEO e Líder RH Integra

Rafaela Cechinel
CSO & Partner at Feedz by TOTVS

Neivia Justa
Founder & Leader #JustaCausa

Rafaela Munari
Co-Founder RH e DP juntos Academy

Nina Silva
CEO Movimento Black Money
& D'Black Bank

Raquel Amaral
RRH Assessoria e Consultoria
de Carreiras - RH

Noah Scheffel
CEO and Founder Educa TRANSforma

Renata Rivetti
Founder & Director Reconnect |
Happiness at Work

Paulo Sardinha
Presidente da Diretoria Executiva
ABRH Brasil

Renato Mendes
Co-founder 4Equity - Media Ventures

AS 113 PESSOAS QUE NOS INSPIRAM E COLABORAM COM A COMUNIDADE DE RH E GESTÃO

Ricardo Basaglia
CEO Michael Page, PageGroup Brasil

Ruy Shiozawa
Ex CEO GPTW; Co-Founder & CEO @GREAT PEOPLE

Rodrigo Giaffredo
Fundador Super-Humanos Consultoria

Sérgio Povoa
Mentor Endeavor; Chief Human Resources Officer na Jamef Transportes

Rodrigo Lóssio
Sócio fundador e CEO Dialetto

Siliane Popsin
Consultora de Carreira e Mentora de Recolocação na Emprego Novo, Sonho Antigo

Roni Bueno
Founder Organica Evolução Exponencial

Silvana Vidal Fernandes
Head of People na Pontomais

Rui Duarte Brandão
CEO & Co-founder at Zenklub

Sofia Esteves
Fundadora e Presidente do Conselho Cia de Talentos/Bettha.com

O SEGREDO DAS EMPRESAS DE SUCESSO

Suzana Kubric
Head of People and Culture na Nubank

Vania Ferrari
Palestrante, Escritora e Consultora - Pensamentos Transformadores Ltda

Suzie Clavery
Co-Fundadora Employer Branding Brasil

Vitor Martins
Líder de Diversidade e Inclusão na Swap

Taís Targa
Diretora Executiva na TTarga

Vitória Reis
Co-Founder RH e DP juntos Academy

Tatiana Pimenta
CEO & Founder @Vittude

Whiny Fernandes
Co-fundadora Employer Branding Brasil

Tomás Ferrari
Founder & CEO at GeekHunter